辽宁省社科规划基金项目：
新型城镇化进程中辽宁省
农业劳动力转移机制研究
（L16BJL005）

日本农民利益增长与农业衰退问题研究

■ 谢剑锋／宋艳菊／著

RIBEN
NONGMIN
LIYI ZENGZHANG YU
NONGYE SHUAITUI
WENTI YANJIU

辽宁大学出版社
Liaoning University Press

图书在版编目（CIP）数据

日本农民利益增长与农业衰退问题研究/谢剑锋，宋艳菊著. —沈阳：辽宁大学出版社，2017.12
辽宁省社科规划基金项目：新型城镇化进程中辽宁省农业劳动力转移机制研究（L16BJL005）
ISBN 978-7-5610-8935-4

Ⅰ.①日… Ⅱ.①谢…②宋… Ⅲ.①农民利益－研究－日本②农业经济－研究－日本 Ⅳ.①F331.3

中国版本图书馆 CIP 数据核字（2017）第 296880 号

日本农民利益增长与农业衰退问题研究
RIBEN NONGMIN LIYI ZENGZHANG YU NONGYE SHUAITUI WENTI YANJIU

出 版 者：辽宁大学出版社有限责任公司
　　　　　（地址：沈阳市皇姑区崇山中路66号　　邮政编码：110036）
印 刷 者：沈阳海世达印务有限公司
发 行 者：辽宁大学出版社有限责任公司
幅面尺寸：170mm×240mm
印 　 张：9.5
字 　 数：180 千字
出版时间：2017 年 12 月第 1 版
印刷时间：2017 年 12 月第 1 次印刷
责任编辑：崔利波　祝恩民
封面设计：韩　实
责任校对：金　山

书 　 号：ISBN 978-7-5610-8935-4
定 　 价：35.00 元

联系电话：024-86864613
邮购热线：024-86830665
网 　 址：http://press.lnu.edu.cn
电子邮件：lnupress@vip.163.com

前　言

　　第二次世界大战后，日本实现了高速的工业经济增长。在高速工业化的进程中，农民与城市劳动者的收入差距在经历了短暂的扩大后迅速弥合。到 20 世纪 70 年代中期，日本农民的收入与消费水平已经赶上甚至超过了城市居民，农民群体充分地分享到了经济增长的成果。但是，与农民相对收入水平发生逆转的时期几乎重合，日本农业在经济高速增长阶段迅速衰退，出现了农业生产结构调整不力、生产成本高企等问题。而这些产业素质层面的问题在农业产业职能层面上也体现出来，表现为食物自给率持续下降、农业多样性功能难以维护等愈发严重的现象。

　　一个疑问是，以工业化带动的高速经济增长是否是推动农民利益与农业发展相背离的力量？为了证实这个猜想，本研究以工农部门间收入差距变化为视角构建了模型，并分别赋予工农两部门规模报酬递增与规模报酬递减的不同特质。理论实证的结果显示，在农业剩余劳动力不断流入工业部门的过程中，工农收入差距仍可能在一段时期内持续地扩大，而这种可能性与农业产值占比、农产品相对价格等负相关，与工业规模报酬递增的程度、人口密度、初始时期农业人口比例等正相关。就日本的实际情况看，是相对容易满足上述条件的：第二次世界大战战后，日本工业经济高速增长，农业产值占比迅速下降，农产品价格受到弹性制约；而日本工业化极为成功，报酬递增特征明显。同时，第二次世界大战战后，人口大规模回流农村扩大了农业人口的比例。在收入差距不断扩大的前提下，本研究进一步对由此引致的农民兼业行为和政府的农业保护行为（对不断扩大的部门间收入差距的回应）对农业和农民群体产生的不同效应进行了分析，在此基础上提出了高速工业化对农民与农业产生不同作用的影响机制。依此框架对日本在高速工业化进程中农民收入迅速增长、农业领域逐渐衰退的事实进行了过程研究，结论与猜想是相符合的。

日本农业的基本自然条件与中国相近，相对人口数量而言土地资源稀缺。而且日本在第二次世界大战后也经历了类似的农地制度改革，使平均生产规模更小且分布更为零散。中、日的高速工业化在时间上虽然并不同步，但是在经济高速增长阶段出现的农业问题在本质上却具有共性。数据表明，2006~2013年，中国城市居民的恩格尔系数不降反升，主要农产品原料的进口乃至走私入境的压力显著上升。此类情形的发生源于中国农业竞争力不足导致的农产品价格高企。这表明，在我国农民收入水平总体迅速增加的大背景下，农业竞争力并没有得到足够程度的提高。农民利益与农业产业自身发展分化于不同路径的可能性是存在的，而这在超越国别的层面上具有共性。中日两国的农业发展条件在多方面相似，而且从两国相对应的发展阶段来看，日本在高速工业化进程中处理农业问题的教训可以为我国现阶段提供重要的启发与警示。

作　者

2014 年 6 月

目　　录

第 1 章 绪 论

1.1 研究背景及问题提出

进入 21 世纪，日本的贸易政策发生了很大转变——从坚持 WTO 框架下的多边贸易体系转向热心于在亚太区域内缔结自由贸易协定（FTA）与经济合作协定（EPA）。① 日本推行 FTA/EPA 政策的最主要目的是出口工业产品，使分布于亚洲各国的生产网络连接得更加紧密。作为回报，亚洲各国要求日本政府放松对农业的保护，进一步扩大对农产品的进口。

但是，日本农业保护政策体系对脆弱的日本农业却是至关重要的。日本国民正面临着极低的食物自给率而无法提高的困境。近年来，日本以热量为基础计算的综合食物自给率维持在接近 40％的水平，其中主食用谷物自给率基本为 60％，包含饲料在内的谷物的全部自给率则只有 28％左右。从 20 世纪 70 年代以后到 21 世纪初，不必说美、法等粮食出口大国，就是其他的西欧国家，其按照热量和按照谷物计算的自给率都在逐步上升到接近 100％或超过 100％的水平，唯独日本是个例外。如此之低的食物自给率在 OECD 国家中是极为罕见的。由于生产规模很小，日本农产品在国际竞争中没有优势。对农业进行保护，提高食物自给率已经成为现阶段日本农业政策的核心目标。为了农业集团的利益，日本政府采取的农业政策带来了巨大的资源浪费和经济效益损失。

事实上，第二次世界大战在战后（后文中的"战后"指第二次世界大战之后，"战前"指第二次世界大战前）至今的日本经济与社会发展中，农业问题一直挥之不去。日本战败后的最初 10 年里，在工业高速发展的进程中，由于农业的自身特点的限制，其比较优势是逐渐丧失的。但是，当时为了战后再工业化的顺利进行，为了支持工业的发展，日本政府采取了强制的大幅度压低农

---

① 经济合作协定的外延比自由贸易协定更加宽泛，除货物贸易自由外，还包括服务贸易、投资、人员流动等方面，属于更高层次的区域一体化形式。本研究在行文中多使用 FTA/EPA 的表述，也根据具体情况分别使用。

产品相对价格的措施。1955 年，当日本政府宣布"已经不是战后时"，农业人口的平均收入已经不及城市居民的 3/4。可以说，此阶段农业为工业的发展作出了牺牲，而当时的最主要的农业问题则是农业人口的贫困问题。以 1960 年《农业基本法》出台为标志，日本社会开始了一直持续至今的对农业的反哺。在国境政策（各种贸易壁垒）的辅助下，不断地提高大米收购价格成为可能，农协开始从强制低价购米的执行人角色向为农民利益而提高米价的保护者角色转变。整个 20 世纪 60 年代是日本农村发展的黄金时期，农民的生活和消费水平于 20 世纪 70 年代中期大踏步地追上甚至超越了城市居民。但是，城乡生活水平差距的消弭却不是依靠《农业基本法》中设定的"自立营农"的方式来实现的，而是通过农民"兼业"和农业保护政策而完成的。这看似殊途同归，却成为日后农业危机的根源。在农民收入迅速提高的时代里，农业却没有相应地发展壮大起来。在国内，由于工业生产率的快速提高，农产品的相对成本大幅提高；而与国外相比，因为没有规模和成本优势，比较优势完全丧失。具体来说，与欧美发达国家相比没有规模优势，而与亚洲发展中国家相比没有成本（人力）优势。如果考虑到人力成本可以通过扩大农业经营规模来分散的话，那么日本农业（特别是大米）最根本的问题就是生产规模问题。对于日本农业生产规模不能显著扩大的原因有多种解释，而笔者认为，最根本的原因在于日本农业发展与农户利益增加的不一致性。农户的大量兼业使超过 7 成的农户的主要收入来自于非农产业，专业农户的比例不足 15%，农业收入重要性的降低打击了农民通过扩大经营规模获取利益的积极性。

进入 21 世纪，亚太的地区主义有所觉醒，在经济领域中的表现则是各国热衷于缔结 FTA（自由贸易协定）和 EPA（经济合作协定）。与 WTO 的多边贸易体制相比，以上两种协定均要求缔约方更加彻底地开放本国市场，对包括农业保护在内的"例外情况"的容忍度更低。对于以贸易立国的日本，企业对外贸易的成败和国际竞争力的强弱是日本经济的核心，加快 FTA/EPA 的谈判，深化国内结构改革和开放本国市场已然是难以回避的选项。而且中国、韩国在缔结协定中态度积极且成果显著，日本的危机感逐渐增强。日本农业保护问题是其缔结 FTA 与 EPA 的最大障碍，无论是与东盟还是与澳大利亚的谈判，农业保护都是绊脚石。所以，从小泉提出没有"圣域"的改革到菅直人呼吁"第三次开国"，矛头无一不指向农业领域。

经过战后数十年的演变，日本的农业问题早已不只是经济问题。农业保护施加给其他产业的反作用力之大无法用农业产值所占比例来估量。日本的农业保护首先伤害的是食品工业，过高的原料价格导致日本本土几乎没有食品企业存在。而这只是直接的伤害，间接的危害是农业保护导致日本无法签订各类自由贸易协定与经济合作协议，从而导致日本企业在出口、投资甚至投标资格等方面受到歧视。日本的农业问题已是积重难返。从 20 世纪 70 年代开始，农业保护的政治意义已远大于经济意义，农业保护的维护"农村票田"、维持一定的食物自给率的作用受到重视。但是，进入 21 世纪后，于保护中衰落的农业根本无法承受 FTA/EPA 框架下的开放市场的冲击。而此时如果与东盟、澳大利亚等国家缔结自由贸易协定并完全开放农产品领域的话，那么日本面临的将不只是国内政治问题，而是由食物保障问题引致的国家安全问题。关于食物来源，日本国内持有两种不同意见。代表经济界利益的一方认为，只要完备有事法制，并在 EPA 框架下建立稳定的进口渠道，日本便可以实现食物的安全保障，没有必要拘泥于食物自给率。另一种意见认为，将食物保障依托于国外将极大地削弱日本在国际中的地位，损害日本的"大国形象"。而且食物安全的风险是切实存在的，即便是 WTO 框架下的关于粮食贸易的规则也是以出口国为本位的。对于第一种意见，日本国民反对声音很大，农业经济学家田代洋一甚至称第一种意见所提倡的食物保障论是"亡国灭种的理论"。而且美国前总统乔治·布什也警告日本："难以想象一个食物不能自给的国家。"

在自贸区谈判中，日本政府的立场已经后退许多，只是要求日本农业"能够存在于东亚共同体中"，并希望通过强调农业的多功能性使谈判对手接受日本的立场。但是，从现有结果来看，对方或是拒绝或是相应提出有利于自身的、苛刻的保留条件。日本为农业发展制定了规划，近期目标是到 2015 年时将食物自给率提高到 45%（原定 2010 年，但随后落空），而这显然与加快FTA/EPA 谈判的政策是相互矛盾的。为了实现此目标，日本的新农业基本法——《食物、农业与农村基本法》着重强调了流通环节的重要性。笔者认为，其初衷是希望通过宣传日本农产品的高品质与本土农业的重要性来使日本国民忽略价格劣势，更多地购买本国产品，而根本原因则是日本已经丧失了在生产阶段提高农产品竞争力的信心。对于这一做法，历史尚未有成功经验予以支持。而且考虑到日本国内年轻一代越来越多地在外用餐，政策目标更加难以实现。

以过程研究的方法看待日本农业的变化，可以发现其在战后的衰退时期与日本工业经济高速增长期是基本重合的。而且就在这一时期，日本农民在农业保护政策的支持下，以普遍兼业的方式使自身的收入及消费水平赶上甚至超过了城市居民。一个疑问是，为何在高速工业化进程中日本农民利益增长与农业发展分化于不同的路径？高速的工业经济增长是否是使之发生分离的主要推动力？如果回答是肯定的，那么又是以何种机制使其实现的呢？寻求对上述问题的解答是本研究主要的研究动力，而上文所述的日本农业领域的现象是本研究的事实基础。

1.2 研究意义与目的

1.2.1 研究意义

1.2.1.1 理论意义

日本在战后实现了高速的经济增长。在这一过程中，日本农民充分享受到了工业经济高度增长的成果，而日本的农业却在这一时期渐趋衰退。通过与其他发达国家的横向比较可以发现，日本农业领域发展变化的经历并不具有普遍性。因为多数发达国家农业的产业素质较高，产业职能的实现也不存在问题。在这一点上，不必说美、法等农产品出口大国，即使是一般的发达国家，其食物自给率也基本能达到甚至超过 100%。也就是说，相对于大多数国家，日本的这一现象是较为独特的。

理论体系的构建来源于对现象的观察、总结及合理的解释。所以，现象的相对独特性是理论新颖性的现实基础。对日本农民与农业发展在高速的工业化进程中分化于不同路径的事实进行研究，有可能在以下几点取得理论上的进展。

第一，具备何种特质[①]的国家或地区易于在工业经济高速增长的进程中同时发生农业的衰退。

第二，如果高速的工业化是推动满足以上特质的国家的农民与农业问题发生分离的动因，那么具体的作用机制是怎样的呢？

第三，如果了解了具体的作用机制，如何才能把握其中的关键环节使具有此类风险的国家避免走上农业与农民利益相分离的路径。

1.2.1.2 现实意义

本研究的最终落脚点在于能够对我国农业与农民的和谐一致发展提供有益的支持。这也是本研究的现实意义所在。

日本农业的基本自然条件与中国相近，相对人口数量而言土地资源稀缺。而且日本在战后也经历了类似的农地制度改革，使平均生产规模更小且分布更为零散。可以说，中、日农业发展的条件很相似。[②] 更为重要的是，如同中国

---

① 这些特质包括禀赋条件、发展阶段及政策发相等，在本书第 2 章的理论模型中抽象化为一些变量。

② 具体来看，在地少人多、季风性气候、水田众多等多方面，中、日两国是具有共性的。

正在经历的，日本也曾经在高速的工业化进程中面临并努力解决农业与农民问题。

中、日的高速工业化在时间上虽然并不同步，但是在经济高速增长阶段出现的农业问题在本质上却具有共性。数据表明，2006～2012 年，中国城市居民的恩格尔系数不降反升，主要农产品原料的进口乃至走私入境的压力显著上升。此类情形的发生乃是中国农业竞争力不足、农产品价格高企所致。这表明，在我国高速工业化推动农民收入总体迅速增加的大背景下，农业竞争力并没有得到相应程度的提高。在工业化进程中，农民利益与农业产业自身发展分化于不同路径的可能性是存在的，而这在超越国别的层面上具有共性。日本作为一个后发展国家在战后的废墟中崛起，在经济高速发展、工业化与城市化进程加快的过程中控制了城乡差别和工农差距的拉大，较好地实现了均衡发展，保证了经济转型期的社会稳定。这是非常值得重视的经验。但是，日本虽然在兼顾高速发展和社会公平稳定方面取得了成功，但其农业却没有在这一时期实现自立，日本拟通过结构政策、价格政策等综合措施实现规模化的目标并没有实现，以致日本农业至今仍面临着如何提高食物自给率和劳动生产率这一严峻问题。中、日两国的农业发展条件在多方面相似，而且从两国相对应的发展阶段来看，日本在高速工业化进程中处理农业问题的教训可以为我国现阶段提供重要的启发与警示。

1.2.2 研究目的

对于本研究的写作，研究的动力决定了研究的目的。研究的动力来自于对日本农业领域发生的不同于其他发达国家的独特现象的疑问，即为什么日本在战后的重要发展阶段里，在日本农民的收入及消费水平逐渐赶上甚至超过城市居民的过程中，而农业的素质却没有得到相应的增强——食物自给率骤降、生产成本高企、农业结构调整滞后等问题非常严重。

在人口密度大、农业人口占比大，特别是工业经济以极高速度增长的国家或地区，农民的利益与农业的发展是否有分化于不同路径的可能性？如果在高速工业化进程中的农业确实走向小规模、高成本的路径，在开放的背景下（特别是在区域经济一体化等新的、更加彻底的贸易自由化模式下），农业是否会遭遇危机而使其存在和发展成为疑问？反过来，维持低素质农业（国际竞争力层面）的生存和发展是否会让一国或地区在发展中付出巨大的代价？合理地回答以上的问题是本研究的根本目的。

1.3 文献综述

1.3.1 农村发展理论的研究

1.3.1.1 农业增长方面

约翰·梅勒（1966）在分析现代农业增长道路时，通过对历史的梳理和分析，把农业的发展分为三个阶段：技术停滞、低资本技术动态和高资本技术动态。技术停滞阶段就是传统农业阶段。在这一阶段，农业生产率的增加是由农业传统要素的供给增加引起的，其他要素与因素的作用并不是很大。低资本技术动态农业是传统观农业向现代农业转变的阶段。在此阶段，在社会产业结构中，农业仍然是社会的主导产业部门，社会发展对农产品的需求仍迅速增长，资本比劳动稀缺。因此，此时的农业是以提高土地生产率为主的农业。而高资本技术动态农业也就是现代农业阶段。这时的农业在整个国民经济中的比重迅速下降以及资本充裕、劳动稀缺等，使得以提高劳动生产率为主的资本替代劳动成为可能。梅勒对农业发展阶段的划分从一般意义上勾勒出了农业发展过程。这一理论比较适合于解释人多地少的国家的农业发展，而且梅勒提出了建设性意见。他指出："只要经济在形成足够的资本以允许农业劳动力绝对下降方面存在总体困难，农业发展的重点应放在增加生产的，与劳动相互补充的投入上，而不是代替劳动的投入上。"该结论的反方面也就是说，高收入国家的农村在发展中，由于资本充足可以替代劳动，能够做到农民逐渐脱离农业劳动而向其他部门流动。

诱致性农业技术和制度变迁理论是由日本学者速水佑次郎和美国学者弗农·拉坦在20世纪70年代提出的农业发展理论。该理论是建立在对发达国家农业发展的经验总结基础之上的。速水和拉坦提出，农业技术的进步是农业生产率增长的主要决定因素。他们将农业技术的进步分为两种：一种是机械技术替代劳动的进步；另一种是生物化学替代土地的进步。速水佑次郎（1988）提出了"速水农业发展阶段论"。速水根据农业发展的目标不同将农业的发展分为三个阶段。第一阶段，为了增加粮食的供给、提高农产品的产量政策在此阶段居于主导地位。第二阶段，以解决农村贫困问题为主要目标，其政策是围绕提高农民收入展开的。第三阶段，以调整和优化结构为目标。就日本来说，是要扩大农业生产规模。但由于一些原因，其目标的实现并不能算成功。拉坦认为，一个国家的农业发展选择哪一种技术进步的道路是由该国的资源禀赋情况所决定的。地多人少的国家应该选择机械技术进步的道路，因为劳动的价格会相对于地价较快上涨，农业机械化可以节约劳动。而人多地少型国家，土地的相对价格会越来越高，对土地的替代技术需求强度会增大，而生物化学技术会逐步发展起来以促进农业发展。就日本来说，这两种技术提升路径都得到了充分的发展，日本发展了适合于小规模耕种的小型农业机械，同时对土地投入了大量的农药和化肥（数倍于欧美国家）。笔者认为，人多地少的日本由于经历了高速度、大范围的工业化进程，所以农村剩余劳动力大量转移，使得日本的劳动力价格高涨，劳动力并不显得"多余"，从而促进了农业机械化的发展。正文中将就此对日本新农村建设中的农业现代化路径予以探讨。

速水佑次郎在著作《发展经济学：从贫困到富裕》中将诱致性制度变迁以农业发展为例做了进一步说明。速水将经济分为文化、制度和资源、技术两个子系统，认为资源、技术在发生重大改变的同时必须伴随着相应制度的变化，这样才能推动经济系统的发展。速水的论断也为日本农业、农村政策和法规的不断调整给出了理论依据。速水的诱致性制度变迁理论虽是一般性的用来解释经济增长的，但也可在改动后作为分析具体农村经济发展问题的理论框架。

速水佑次郎在其著作《农业经济学》中使用马歇尔式的产品供求关系图来说明工业化进程中比较优势的变化而产生的农业调整问题。他认为，国内工业生产成本的降低使农业生产和农业收入相对于工业部门而减少，只要劳动力转移没有发生，那么产业间收入差距的形成与扩大就不可避免。

1.3.1.2 农村剩余劳动力转移理论

对发展中国家影响较大的当数阿瑟·刘易斯的理论。

在刘易斯（1954）模型中，劳动力从农村向城市的转移决策被认为是取决于城乡收入差异。只要城市工业部门的一般工资水平比乡村农业部门的一般工资水平高出一定比例，农民就愿意离开农村到城市寻求工作机会。该模型假定：城市部门不存在失业，即使在农村劳动力无限供给的情况下，农民也可以在城市现代部门找到工作。针对发展中国家农村劳动力转移，指出经济转型期出现的二元经济结构是多数发展中国家所存在的共同特征。这是所有发展中国家的共同特征之一。刘易斯所提倡的劳动力由农村向城市迁移这一路径，已被许多国家的实际发展经验证实是必由之路。

对于该问题，也有学者使用"推拉理论"。20 世纪 60 年代美国学者李（EERETT. S. Lee）提出了系统的人口迁移理论，也即推拉理论。李首次划分了影响迁移的因素，并分类为推力和拉力两种。前者被他视为负的因素，正是这些因素促使移民（农民）离开原住地；后者则被视为正的因素，因为它吸引着农民迁移到新的居住地。这似乎可以解释日本的劳动力流向城市。但实际上，两个地方都有正的因素和负的因素，不但在一定程度上可以解释中国的"民工潮",而且可以解释日本的离农困难。从推力的因素看,实质性的因素是贫困、落后和社会保障的不完善。从拉力因素看,最重要、现实的拉力就是收入、就业及教育机会的平等。

托达罗人口流动模型。他指出,在城市不只包括现代部门,还包括传统部门。这是对二元经济结构的延伸和发展。该模型认为,不应只是将农村劳动力从农村转移出来,而应该改变过分重视城市而忽视农村的倾向。这种思想考虑到了在农村解决就业的可能性。该模型中,通过农村来解决劳动力就业的思想"适合"我国的国情,也可解释日本农民在村兼业的情况。我国的离土不离乡的人口流动模型源于此,直接导致了大力发展中小城镇的策略。但离土不离乡是一种效率不高的转移模式,大量的乡镇企业分布在自然村,造成严重的土地资源浪费,使污染分散。而且因为企业相互分离,产生不了集聚效应和辐射力。下文中拟将与日本比较对此进行探讨。

1.3.1.3 经济增长中农业的作用

西奥多·舒尔茨在其名著《经济增长与农业》中,在论述城市发展和农村政策时构建了一种抽象的方法——将多元社会的价值上的差异抽离,划分为城市和农村两个部分。在使用该方法时,作者假定支配性的趋势是城市化。在城市化过程中,人们倾向于低估农业农村对经济增长已作出的并将继续作出的经济贡献,并会产生对农村问题的"对抗性城市观点"。舒尔茨的分析为工业化、城市化进程中的农业农村发展政策提供了理论上的指导。

1.3.2 日本农业制度、政策方面的研究

关谷俊作(2002)在其专著《日本的农地制度》中对农地制度的内容进行了详尽的说明,并将农地制度制定及其后的变化过程和历史意义进行了论述。此外,书中还涉及农地制度制定者对制度的期待以及制度的运作方式。关谷俊作在书将《农地法》之外的《农业振兴地域法》《农促法》与《土地改良法》均包括在农地制度的范畴内,纠正了很多人认为"农地制度"就是指《农地法》的片面看法。关谷认为,今天日本的农地制度要想达到目的并发挥作用,除了要适当地进行管制外,还要推动农地的流转以扩大经营规模。他的结论为日本农业政策的制定提供了方向。

速水佑次郎、神门善久(2001)在其著作《农业经济学》中对农村发展中的多方面问题进行了深刻的阐释。速水根据恩格尔法则提出,随着人们收入的提高,食品支出在总支出中所占的比重逐渐减少,而且在食品消费额中最终支付给初级生产者农民的比例会越来越小,此类现象在发达国家中普遍存在。在此前提下,农业劳动生产率上升的越快就越要减少农业劳动力,否则过剩就要

出现，从而引起农业劳动者的报酬急剧减少。对于发展中国家而言，速水认为，"廉价提供农产品"与"防止农民收入相对减少"这两个目标互相对立，从而加大了政策运行的难度。而战前的日本农村贫困问题是政治和社会动乱的原因之一。

Maruyama（2010）在其论文《日本农业政策的评价》中，将对农业人口的保护提升到整个社会可持续发展的高度来讨论。文章以可持续发展理论为基础，对近年来的日本农业政策进行了评价。文章指出，是 WTO 的约束等外在因素而非内在因素决定着农业政策的变迁。文章强调了农业多功能性的重要性，并将其从经济学的视角定义为"农业的外部经济影响"，认为应该支持农村，提供"城乡公共产品"。

速水佑次郎在其专著《日本农业保护政策探》中，从农业比较利益（相对于工业）急速下降的视角分析了农业保护政策的必要性。速水利用1960～1980年间发达国家和发展中国家的相关数据进行计算，并对农业劳动生产率与工业劳动生产率做了比较。结果显示，日本农业劳动生产率年均增长率与其他工业国大致相当，而制造业的劳动生产率大大高于欧美国家。这造成了日本农业比较利益的丧失。鉴于此，速水主张首先从改革国内的价格政策和补贴政策入手，把对兼业化、小型化的农业刺激转向对专业化和规模化的支持。在经营形式上，速水主张将土地以租赁的形式集中到具有企业家素质的专业农场主手中。笔者认为，由于占领期的日本农地改革速度过快，导致农地不但被分割得规模较小，而且每户所拥有的土地的位置来说相当分散，从而为土地的集中带来了很大麻烦。

田代洋一（2007）在其专著《日本的形象与农业》中提出了提高日本的食物自给率的重要性，并从利益斗争的角度分析了财界精英（对政治、经济有影响力的资本家）与农业院外政治集团在农业政策制定中的矛盾和利益不一致性。此外，该著作的另一个重要方面是从农业竞争力差的情况得不到改善的假设下来分析 1999 年制定的《食物、农业、农村基本法》的内容（即从消费者终端来考虑本土农产品的销售）。《食物、农业、农村基本法》可以说是日本新农村建设进入第三个阶段的标志性政策法规。

江瑞平（2004）认为，日本农业政策有很多失误：日本政府在鼓励农户农外兼业并积极地进行制度安排以外，并没有认识到农外兼业的消极作用；而结构政策则忽视了各粮食部门的协调。但其论文对日本农业发展所面临的国际环境考虑不够。

Nashida 与 Kase（2000）在其著作《高速增长期的农业问题：小规模自耕农体系的重要性及面临的挑战》中认为，农户收入的增加与农业的发展（主要指机械化程度的提高）是经济与科技水平提高的必然结果，从而忽视了农村政策的作用及日本政府在农业发展中的重要角色。

周维宏（2007）在其论文《新农村建设的内涵与日本的经验》中指出，日本通过走合作化、工业化的道路以及政府对农业、农村、农民的积极保护和扶持政策，实现了新农村建设目标。

甲斐谕（2004）在其论文《日本经济高速增长期新农村建设政策的实施和经验教训》中，对《农业基本法》在农业政策面给予了综合的评价，并从时代性差异的视角指出了日本新农村建设经验在应用到中国时应注意的问题。

石田雄（1958）最早从利益集团的视角分析了日本农协的组织结构特点，并指出农协作为农业利益团体的代表，其活动的目的性非常强，并与当地农业社会的基层紧密结合，具有很大的政治影响力。

速水佑次郎（1993）对兼业农户对农业发展的负面影响进行了深入阐述，并从兼业农户的选票价值的角度分析了农协拥有巨大政治影响力的原因。

西山久德（1996）从历史的角度考察了日本的农业保护，并重点分析了战后日本农地改革中日本农协的作用及其存在的原因。

阿达姆·新盖特（2001）对比了美国、法国与日本三个发达国家农业利益集团的影响力，认为日本农业集团的政治影响力最大，迫使政府制定扭曲的、影响总福利的政策的能力最强。

田代洋一（2007）根据对农业政策改革的不同态度，将日本国内利益群体分为农业政策派、农业政策改革派和农业政策改革批判派。田代批判了农业政策改革派依靠世界市场的"亡国的食物安全保障论"，指出此类政策都是以世界农产品供应的过剩为前提的。但他对增产政策持肯定态度。

中国学者对日本利益集团影响日本农业政策的研究还比较薄弱。欧世健（2003）对日本农业保护政策的形成与选举制度的关系进行了研究。张云（2011）通过系统的实证研究，全面分析了农协等利益集团在农业保护政策形成中的作用，并从日本人的文化意识的角度挖掘了日本农业保护的深层次原因，可以说是中国学者在这一研究领域的重要贡献。富景筠（2011）建立了动态博弈模型，从利益集团冲突的视角解释了日本自贸区政策的形成与演变，并对农业部门在其中发挥的作用进行了阐述。

但是，中国学者的研究还存在着一些不足。

第一，在研究中缺乏对日本经济、政治环境大背景变化的关注。具体来看，表现为研究时间跨度不大。"农外"背景的转变对各利益集团相对实力与行为方式的变化，以至于对最终博弈结果、政策长期变化方向的影响可能更具决定性。例如，富景筠（2011）在对日本自贸区政策形成的分析中缺乏一个足够的时间跨度，其研究主要集中在最近 10 年（当然，这也与日本自贸区的进程有关），从而使日本自贸区政策形成的大背景接近静态而缺乏转变。

第二，在关于利益集团博弈影响农业政策形成的理论解释的文献中，对主要利益集团的不同性质区分不清晰（指基于同国民整体利益的关系的划分）。例如，张云（2011）在著作中分析了经团联、自民党与日本国家利益的关系，但是对农协、经团联等主要利益集团的根本性质没有作出区分。

第三，在国内现有文献中，对日本相关利益集团围绕农业政策形成产生冲突的根本原因的抽象化总结不够。比如，在工业化、城镇化进程中，国民整体利益、农民利益与农业产业自身利益的不完全一致性是各利益方冲突的根源，而且这在超越国别的层面上具有共性。而对这种共性的研究会给我国工业化、城镇化中的农业发展带来启发与警示。

为此，本研究尝试弥补以上所述的一些不足。

1.3.3 日本农业、农村的发展及存在的问题研究

晖峻众三（2011）在其专著《日本农业 150 年（1850～2000）》中，以时代背景的转换为主线，针对不同时期，农业、粮食、农民、地主及村庄处于怎样的状态，产生了怎样的农业、农民、粮食、农村和环境问题，从历史的角度，结合日本资本主义经济结构特征和发展状况进行了深入的分析。该著作的时间跨度从 19 世纪中叶（幕府末期·明治维新时期）废除封建制度、构建资本主义经济结构开始，到"经济大国化"的日本在市场原理和 WTO 体制下，以大型跨国企业为中心进行结构重组，进一步参与国际市场的 2000 年为止。

速水佑次郎（1988）在其著作《日本农业保护政策探》中，从日本农业保护政策手段的矛盾性角度探讨日本新农村建设所面临的困境。

嵯口健治（1999）利用 1970～1996 年法国、美国等国家热量自给率的数据与日本同时期的情况进行比较，指出无论是与法、美等自给率超过 100% 的农产品出口国相比，还是与英、德等进口国相比，日本趋向低落的自给率都是十分异常的。同时，从日本农业结构的视角对食物自给率低下的原因给出了解释。

管沼正久（1999）从政治利益博弈的层面，分析了日本农协农政运动的形成、扩展以及阶级性质的转变过程等。文章以米价的形成为例，说明了政治因素在农协农政中的重要性。

田代洋一（1999）以日本城市和农村的关系为切入点，分析了伴随高速增长而产生的农业和工业的失衡发展对农村地区发展带来的影响。文章对《城市规划法》和《农业振兴地域整备法》的实施效果作出了评价，认为二者无法调

和城市和农村在土地利用中产生的矛盾，并将都市农业作为问题提出。田代洋一指出，理清土地使用的混杂状况，防止土地使用混乱是日本新农村建设亟待解决的问题。

田岛俊雄（1997）指出，日本农业在国际上丧失比较优势的主要原因是保留了非效率的产业结构和低效的经营，"由于设定了高于国际价格的国内价格，于是便残留了本应该淘汰的界限外的经营及未达最佳规模的经营"。田岛认为，农地流动的落后与兼业化的进行是产生农地粗放式利用倾向的主因。

饭田经夫（1984）在其著作《日本经济史——战后三十年的历程》中指出，农地法推出的"后果"是日本战后新农村建设发起的重要原因之一。他认为，在农地法规定的严格的土地制度下，由农民利用和占有土地等于形成一个几乎完全不准许其他领域侵占的地域，自耕农体制完全被人为地建立起来。于是，"被封锁"在看不见的障碍里的农业和农村社会，为了让过剩人口就业，从而推行从1955年开始实行的"新农村建设计划"，为被封锁的农村的"过热能量"提供"建设性"的目标。饭田经夫提出，向劳动力不足的经济部门转换和实行产业社会化扩大了农民现金收入的机会，使很多农民放弃了"斗争性运动"的方式而被引导到追求个人利益的道路上。日本战后的新农村建设方向顺应了当时农民的价值取向。

栗原百寿（1951）在其著作《论现代日本经济》一书中，基于"战后的农村社会结构发生了根本变化"的认识，就自耕农的阶级性质问题提出如下的观点："自耕农虽然在形式上好像从地主制中解放出来，成了独立经营的农民，但是，实质上下降到了全面从属于垄断资本主义的工资劳动者的地位。"他认为，全体农民遭受垄断资本的直接掠夺是日本农民面对的生产关系的基本特点。栗原的观点表现了1950年前后极度恶化的日本农民的经济情况。

OECD（2009）在研究报告中，从日本人口结构变化的角度分析农业的发展趋势及农村未来的生产生活方式。食物自给率低是农业政策面临的重要问题，除了人口总数降低以外，还没有太有效的增加自给率的办法。对农地的保护性限制阻碍了土地的高效使用，而且加快了地价上涨，反过来导致土地的投机性溢价。由于受到来自其他部门的劳动力需求，农户数量从1960年到2005年减少了50%，农业劳动力减少了80%。这种转移使农业劳动力的平均年龄远远高于其他行业。到2005年，专业农户的数量已下降到11%。该报告对1960～2005年农民的收入总量、结构变化进行了详细的描述与透彻的分析。2005年，日本农业人口的农业收入所占比例是14%。报告还使用大量数据对不同时期的农地减少原因作出了解释。文章指出，20世纪90年代初的农地减少主要是因为土地转为他用，而21世纪以来则是因为抛荒。报告还就直接补贴对抛荒地的减少做了分析。

T. Kako（2010）在其论文《日本食物自给率的骤降和前景》中将日本战后至 2006 年划分为四个阶段。针对每个阶段提出了食物自给率下降的主要原因，并对日本政府设定的要在 2015 年将食物自给率提高到 45％ 的目标的可实现性做了分析。文章以"新基本法"提出的粮食、农民和农村的系统目标为依据，在自由贸易的前提下，从国民饮食教育、农业补贴等方面提出了建议。

周维宏（2008）在其专著《农村工业化论——从日本看中国》中将"农村工业化"一词进行了重新界定，建立了农村工业化概念，并通过分析指出农村工业化是发展中国家农村发展的唯一道路。作者依据新的农村工业化理论和测量指标探索了中、日两国的农村工业化发展事实并进行了比较，提出了新农村建设的定义。作者肯定了日本农村工业化的成果，但对工业化带给日本农村的后果涉及不多。

焦必方（2009）在其著作《日本现代农村建设研究》中对日本新农村建设内容做了全方位的介绍，内容涵盖过疏化地区的治理、农产品流通体系构建、环境保全型农业的发展等，但对日本农村建设的各方面的关联性及基本推动因素考虑不足。

安新哲（1998）在其论文《日本现代农业和我国农业发展展望》中论述了日本农业的特点，即农业经营者有充分的自主权；多种经营，集约经营；规模农业的高度机械化；农业的高收入；有文化、懂技术的种田队伍。

1.3.4 研究述评

日本学者的研究比较集中在农业的现代化、食物问题以及对农村政策的评价上，缺乏从发展中国家学习的视角来思考和讨论问题。当然，这也很容易理解。正如日本农业经济学藤村俊郎在访华时所说："日本学者研究的出发点多是如何使陷入困境的专业农户和农业摆脱出来，至于发展中国家，特别是社会主义国家的农业发展能够从日本学到什么则几乎从未考虑过"。日本学者在此方面只提出过一些参考性的意见，而这些意见往往是在没有对中国问题的特殊性进行深入考察和充分理解的背景下提出的。

中国学者对于日本新农村建设的关注程度较高，研究内容涉及日本农村发展的很多方面。但是，对日本在高速工业化进程中农业的衰落教训重视不够，仍在很大程度上停留在对日本农业现代化的关注上。中国学者关于日本农民和农业发展的研究还存在几个方面的缺欠。

第一，研究缺乏历史的眼光。日本农业问题的出现往往有其深刻的历史原因。例如，当前困扰日本农业的经营规模不足问题在很大程度上是源于占领期的农地改革和高速工业化时期城乡分离的不够彻底。

第二，对高速工业经济增长在使日本农民收入增长的同时可能制约农业发展的机制的研究不够。这在很大程度上源于没有对研究对象进行分类，即具有不同禀赋条件的国家在工业化的推动下，农业的发展可能会走向不同的路径。

第三，对日本农业农村诸多问题的考察缺乏系统性和整体性，往往将日本农业领域的各个方面独立对待。日本农村很多问题的出现是有伴生性的，有的问题只是其他问题的衍生结果，所以必须整体地考虑才能区分问题的原因和现象。比如，认为日本农村某些地区出现的过疏化是农业结构调整不力和老龄化的必然结果，而没有认识到各种现象之间的相互作用关系。

1.4　研究思路和结构安排

内容安排的原则是能够解释研究目的中所提出的几个疑问。

1.4.1　研究思路

在一国或地区工业经济高速增长的过程中，工业的规模报酬递增、协同效应与学习效应等特质将显现并加强，而这些特质对工资率的上涨（并带动其他非农产业）具有很大的促进作用。这意味着，伴随着工业化进程中农业劳动力向城市的流动，工农收入水平差距并不一定会因为工业部门劳动力规模的扩大而减小，反而可能逐渐增大。抽象的分析已经证明，工农收入差距的演变存在多重路径（第 2 章）。工农收入差距在经济发展中逐渐扩大是上述路径中的一种，是需要限制条件的，否则日本农业领域的问题在发达国家中也不会显得如此独特。除了工业经济高速增长的动态推动作用以外，日本战后农业发展的初始格局也有重要的影响，包括农业劳动者占比、人口密度、农产品相对价格水平等条件（在第 2 章模型中抽象表示为一些变量）都在一定程度上决定了日本工农收入差距的演变路径（第 3 章）。

如果工农部门间收入差距在长时期中不断扩大，从理论上说，农业部门的劳动力将会加速向城市的其他部门流动。但是，现实的约束往往使劳动力跨部门间的流动受到限制，从而难以完全依靠劳动力迁移而弥合收入差距。所以，在流动不充分的前提下，农民会选择对自身的就业结构进行调整——在工业经济高速增长的背景下，农民为了追求收入均等化会选择在不彻底离农的情况下进行兼业（工业的导入在客观上也给农民提供了兼业的机会）。此外，由于一个社会难以承受以就业部门划分的群体间的收入水平差距的持续扩大，所以政府往往会在这一阶段对相对弱势的农业提供保护政策。此类保护政策有助于小规模兼业农户的留存（但掣肘农业生产结构的调整），而农民兼业（以农民经济利益为本位）与农业保护政策是推动农民利益和农业发展相分离的重要动因（第 2 章，第 5 章）。

在进一步的理论分析中可发现，高速且成功的工业化进程所提供的大量非农就业机会将深化农民的兼业化，而工业化带动的经济高速增长也使高水平农业保护的实施成本处于国民经济所能承受的范围之内。在战后日本的高速增长进程中，农民的普遍兼业使其收入并不只依赖于农业，大量的兼业农户通过在其他产业的就业而使收入水平达到甚至超过城市家庭。而且面向兼业农户的农业保护政策（本质是农产品价格支持）致力于使农业收入可以覆盖生产成本，所以以兼业为主的生产结构得以维持。可以说，在以上收入增加机制的作用下，日本的农民分享到了工业经济增长的成果。但是，从农业发展的视角来看，农民普遍兼业的生产状态使专业农户试图扩大生产规模的努力难以收到明显效果，高度的农业保护政策对生产成本的充分覆盖也使农民扩大规模的主观动力不足。也就是说，无论是农民兼业还是农业保护均使得日本农业难以通过积极的生产主体结构调整分散不断上涨的人力成本。同时，过小的生产规模也是农业机械等投入存在严重的使用不足情况的原因（这种浪费也将推高生产成本）。在这样的环境下，富裕的农户和羸弱的农业共同存在于日本的农村，农民问题与农业问题不再具有较高的一致性，农民利益与农业发展分化于不同路径。而这也必然导致对农政策的两难（第 5 章，第 8 章）。

由于日本农业结构调整不力所引发的问题在两个层面上表现出来。一是日本农业生产及农村地区的劳动力缺乏问题。由于生产规模普遍很小，单纯依靠农业生产难以获得合理的收入，所以很少有青壮年劳动力补充到农业中来。反过来，青壮年劳动力的缺乏又进一步加剧了大规模专业农户的形成困难问题。日本农村更多地被赋予了生活层面上的意义，而生产场所的功能则显得非常匮乏。这是难以吸引劳动力投入农业的本质原因。生产规模小、劳动力缺乏、农村地区过疏化等问题以因果累积循环的方式不断加剧。而且在日本这个土地稀缺的国家，耕地闲置与抛荒竟然成为"解决"问题的主要方式之一（第 4 章）。二是开放层面的农业存在问题。由于生产成本很高，日本的农产品根本不具备国际竞争力，几乎所有贸易保护程度较低的品种都被进口产品取代。这使日本的食物自给率下降到极低的水平，国民的食物安全保障面临威胁——产业素质差的后果在产业职能方面彻底表现出来。在区域经济一体化背景下，日本为农业的存在和发展所要付出的代价也是极大的（第 5 章，第 7 章）。

一个疑问是，日本在 20 世纪 60 年代初就已经意识到农业结构调整的重要性（具体体现在《农业基本法》的"自立营农"构想上）。那么，为什么此后日本仍然实施了过度的农业保护政策，从而制约自身的农业结构改革呢？可以说，保护的主要对象是兼业农户群体，而这与培育大规模的自立农户的目标是不相容的。此问题很难以规范的方式予以解释，因为政策的形成是具体的政治过程，以农协为代表的农业利益集团强大的政治力量在很大程度上决定了政策的走向。在很长一段时间，政策形成是以数量众多的兼业农户的经济利益而不是以农业发展和国家整体利益为导向的（第6章）。但是，农业政策毕竟是国家政策体系的一部分，最终是要服从国家整体利益的。特别是在日本经济发展大环境已经改变的前提下，无论是融入区域经济一体化中（意味着放弃农业保护）还是在保护中放任农业生产现状持续，对农业发展都是难以有正面作用的（第6章，第7章）。

中国的农业发展条件、发展环境与日本有很多相似之处。中、日的高速工业化在时间上虽然并不同步，但是在经济高速增长阶段出现的农业问题在本质上却具有共性。在工业化进程中，农民利益与农业产业自身发展分化于不同路径的可能性是存在的，而这在超越国别的层面上具有共性。对这种共性的研究会给我国的农业发展、农民利益获得以及两者的协调带来有益的启示（第8章）。

1.4.2　结构安排

本研究共有8章。

第1章为绪论部分。此章提出了日本在战后的工业化进程中农民利益与农业发展分化于不同路径的问题，并对研究的意义、研究思路及本书的结构做了阐释，在对相关文献进行分析的基础上作出了评述。

第2章为理论模型的构建。此章以工农收入差距的变化为视角构建了数理模型，揭示了在工业呈规模报酬递增，而农业呈规模报酬递减特质的前提下，工农收入差距演变可能遵循的几条路径。同时，讨论了在工农工资率差距逐渐增大的情况下，农民兼业与农业保护政策出现的必然性。此外，还讨论了多个外生变量对工农收入差距收敛条件能否成立的影响。

第3章为战后日本农业发展初始条件的分析。此章围绕第2章理论模型中相关的外生变量，如农业人口的占比、人口密度及农产品相对价格等进行了定性分析，为日本工农收入差距逐渐增大的原因提供初始的、静态的解释，并对日本农业政治地位与经济地位不相称的事实进行了分析，为第6章做了部分基础性的工作。

第4章为日本农业现存的主要问题分析。此章以农业结构调整不力为主线，分析了日本农业生产规模过小、农民兼业化、农村老龄化的辩证关系，提出了以上各个现象之间的因果循环累积影响机制。

第 5 章以日本在高速工业化进程中工农部门间收入差距的实际变化趋势、日本在收入差距扩大的时期里确实出现的农民兼业和高度农业保护政策等事实为依据，证实了第 2 章理论模型中的预测。同时，以农民兼业与农业保护为动因，建立了工业化推动农民利益与农业发展相分离的影响机制。以该机制为基本框架，解释了日本在工业经济高速增长过程中，以上动因如何通过抑制农业生产主体结构调整而使农民利益增长和农业发展分化于不同的路径，即农民的收入水平和消费水平逐渐赶上并超过城市居民，而农业的产业素质却难以提升以至于在产业职能层面出现了严重的问题。

第 6 章以日本相关利益集团间的博弈为视角，解释了日本提供农业保护政策的原因，并根据各阶段的博弈结果分析了农业保护政策演变的趋势。以日本经济发展的大背景转换为依据，预测了日本未来农业利益团体相对力量的变化、农业政策调整及农业改革的方向。此章的后部分内容也为第 7 章中关于日本农业在区域经济一体化进程中面临的问题做了铺垫性的说明。

第 7 章分析了由于农业的弱质性，而使日本在区域经济一体化进程中处于困境的事实，也即由于农民与农业的利益分离而使日本农业难以存在于更加彻底的开放模式下。此章以日本难以缔结日澳 EPA、难以加入 TPP 等事例来说明农业赢弱带给日本经济与外交层面上的严重后果。

第 8 章为得自于日本农业问题的启示与面向我国的对策部分。此章以日本农业农民问题分化的原因和产生的后果为依据，提出了对农政策的两难、开放层面的农业危机等我国也可能在今后的发展中面临的问题，并从扩大生产规模、促进农业结构调整的视角提出了相关的政策建议。

1.5 研究方法与创新之处

1.5.1 研究方法

第一，规范分析与实证分析结合的方法。规范分析旨在解释应该是什么的问题，而实证分析解释实际是什么的问题。采用规范分析方法归纳了日本农业农民合理的发展方式。但日本的农业政策等问题形成原因复杂，难以只用规范的视角予以解释，必须结合实证分析方法阐释其形成及演变。

第二，采用演化经济学的分析范式。用演进方法动态地看待日本农业及农民在战后的不同发展情况，用动态分析的方法理解日本农业政策的形成。

第三，数理经济学的研究方法。这一方法主要使用在第 2 章关于日本农民与农业的可能发展路径选择的模型构建上。

第四，文献研究法和国内现状与国外经验结合的方法。鉴于本研究的特性，文献研究法在本文中被大量采用。在本研究的启示与对策部分采用了将日本以往的实践经验与中国现实情况相结合的方法。

1.5.2 创新之处

本研究具有以下几点创新：

第一，将工业的规模报酬递增与农业的规模报酬递减特质引入理论分析模型，较好地解释了日本高速工业化进程中由于收入差距扩大而导致的农民兼业与农业保护政策出现的必然性。

第二，建立了日本高速工业经济增长推动农民利益与农业发展相分离的机制的分析框架。

第三，以利益集团博弈的视角来解释掣肘日本农业结构调整的农业政策的形成与演变。

第四，论证了在经济高速增长的前提下，日本农业生产主体结构调整是规模较小的日本农业取得发展、具备国际竞争力的必由之路。

第 2 章　日本农民、农业发展的可能路径选择：一个理论模型

模型的构建拟以部门间收入水平差距变化为视角判断农民与政府的行为，从而对农业发展的可能路径作出分析。在封闭的情况下，即一国或地区没有从事对外经济活动的假设前提下，关于农民相对贫困问题的讨论分作两个阶段——食物短缺阶段和食物充足阶段。

2.1　食物短缺时期的农民贫困问题

如果一国尚处于食物缺乏，即食物不能满足需求的水平线上，对粮食的需求是极为敏感的，表现为粮食所面临的需求曲线具有较大的弹性。在此阶段，如果政府没有执行对农民不利的政策，比如强行压低农产品相对价格（工农剪刀差）的粮食强购等政策的话，农民一定是先留存足够自己食用的粮食数量，之后再将剩余部分销往城市。这样，可以推测，在农民平均拥有包括耕地在内的生产资料的前提下，作为粮食生产者的农民一定拥有更高的人均粮食消费量。① 在粮食短缺的前提下，如果假设农民可以自由支配自己的产品的话，便意味着饥饿应该先从城市居民开始。因为常识告诉我们，人类不会在食不果腹的情况下去大量消费工业或服务业产品。也就是说，城市工作人员将缺少得到粮食的机会。如果进一步做更严格的假定：人们在吃饱之前不会消费工业产品的话，那么农村如果存在食物不足的情况，城市中则没有人能够生存。更具体的讲，在食物短缺且不存在进口的情况下，农产品在与工业产品的交换中将面临极为有利的价格条件，而这是由人类"以食为先"的生物性特征决定的。如果进一步认定，饥饿的人的贫穷程度要高于饱食终日或饥饿程度更低的群体的话，在粮食短缺的背景下，在土地等生产资料平均分配给农民与不存在对农不

---

① 在这里，平均拥有生产资料是一个必要的假定，因为需要避免生产资料集中在极少数农户手中的极端情况。在此情况下，可能会存在极少数种粮大户用剩余粮食交换工业产品。其结果是，城市人员可以获得充足的食物，而一些农民必须忍受饥饿。

公平的倾斜政策的假设下，农户的贫穷程度是不会高于城市居民的。

在食物短缺时期，工业产品在自由交换中将面临极为不利的价格条件。而且可以认为，在粮食生产尚且不足的发展阶段，工业生产无论在产量和质量层面上都是落后的。为了使工业生产得以维持并发展下去，农产品的价格必须是城市工人群体可以负担的。在此阶段，以产品数量表示的工人的工资率是较低的。这源于工业生产的低效率。而自由交易下的交换条件也是不利于工业产品的。这源于上文提到的对农产品的优先需求。在这样的不利情况下，工业生产的维持和工业部门的发展需要政府的倾斜政策。向城市与工业部门倾斜的发展政策在一国的工业化初期和粮食生产困难时期非常普遍。比较典型的历史现象是，当饥荒发生时，作为粮食的生产场所，农村的受灾程度却往往重于城市。

2.2 食物充足时期的农民相对贫困问题

当发展逾越了食物短缺阶段之后，社会主要问题将转向工农的收入差距问题，即农民的贫困问题。由于工业生产效率逐渐提高且食物不再缺乏，所以倾斜于工业的政策将渐次退出。因此，此时期的农民贫困不再是工农剪刀差的后果，而是粮食需求弹性较小和粮食的产量有限等问题。在食物充足阶段，农产品作为必需品，其需求收入弹性远较工业产品为低。换言之，随着工业化的进展，人们的收入增加，人们会把较多的收入用于购买和享用城市工业的产品和劳务，而把较少的收入用于粮食以及其他以农产品作为原料的工业产品，[①] 从而价格条件会迅速向不利于农业的方向转移。这使得农户无法通过提高粮食产量而显著地提高收入水平。而且由于受耕地等重要投入要素可得数量的限制，粮食的产量也无法无限扩大。这一点与工业生产有根本的不同。除了产量以外，农产品与工业产品的另一点不同是创新驱动不同。工业产品的生产方式创新驱动包括增加产量和改变产品功能及形态两个方面。相比之下，农产品的生产方式创新更加限于产量增加方面，而不是产品的形态与功能（如果这方面真的有较大改变的话，人们反而不会适应和接受）。因为以上的差异，农产品的需求是相对更受限制的。萨伊所说的"供给创造自身的需求"更适合于工业产品，而不是农业产品。

以上原因导致农业会在经济社会的发展过程中逐渐弱势，主要表现为其产值在生产总值中所占比例逐渐变小。在高速的工业化与城市化阶段，这一比例

---

① 张培刚：《农业与工业化》（英文版），中信出版社 2012 年版，第 61 页。

的变化程度可能是剧烈的。农业产值的缩小带来的一个社会后果便是农民的相对贫困。在没有有利于农业劳动者的政策介入的情况下，农民逐渐离农，从事其他产业劳动是农民能够获得"均等"收入水平的唯一途径。①

在工业化进程中产生的工农收入差距（现实中也包括农业劳动者与服务业从业者的收入差距）是必须解决的社会问题。那么，是否在经济与社会的自由发展中，收入差距就会自然地弥合呢？还是工农收入差距的减小需要一定的条件，而这种条件未必会自动满足？这也为政策的介入和干涉提出了要求。

2.3　理论模型的构建

假设在封闭的经济体中存在着农业和工业两个部门，每个部门都是用两种要素——资本（K）和劳动（L）。但是，农业生产还要受到土地数量的限制。每个产业只生产一种产品，劳动力可以自由在部门间流动。

农业为规模报酬递减的行业，原因是土地数量基本上是固定的，即使不断追加劳动、资本等生产要素，产量也不可能呈相同比例增加，而是以一个递减的程度增加。工业则是规模报酬递增的行业，即随着资本与劳动产量的增加，产量会以更大的比例增加。

将两个行业的生产函数均设定为柯布－道格拉斯（C－D）形式。

2.3.1　农业部门

令农业部门的生产函数为：
$$Q_1 = aK^{\beta^1} L^{\alpha^1} \quad (0 < \alpha^1 < 1, \ 0 < \beta^1 < 1) \tag{1}$$
由于农业为规模报酬递减行业，所以有：
$$\alpha^1 + \beta^1 < 1 \tag{2}$$
且令农业部门的资本－劳动比为 m_1，即有 $K_1/L_1 = m_1$。② 将其代入（1）中，得：
$$Q_1 = am_1^{\beta^1} L^{\alpha^1 + \beta^1} \tag{3}$$

---

① 此处排除有利于农业劳动者的政策是为了模型的严谨性。虽然倾斜于农业的政策普遍存在，其中既包括高度发达的欧美国家、日本等后工业化国家，也包括处于工业化进程中的发展中国家。但是，这却不可能只依靠农业政策而在农民不逐渐离农的情况下使工农工资率均等化。

② 这一假设意味着农业的生产技术在一定时间段内是不变的。这使得生产率方面的变化更集中地来源于生产规模的改变而不是技术系数的变化。不过，即使认为 m_1 随时间变化为 m_1（t），由于随后 m_2（t）的变化程度要大于 μ（由工业、农业本身不同的学习效应等决定），所以结论只能有被加强的趋势。

令 $\alpha^1 + \beta^1 = \alpha_1 < 1$，代入（3）中，得到：

$$Q_1 = am_1{}^{\beta^1} L^{\alpha_1} \qquad (4)$$

令农产品的价格为 $P_1 = 1$，所以农业生产总值为：

$$TR_1 = am_1{}^{\beta^1} L^{\alpha_1} \qquad (5)$$

当 L 发生变化时，即是农业的生产规模发生变化（因为资本投入部分已经被劳动表示）。令 w_1 为农业工作者的工资率，则有：

$$w_1 = \delta_1 \, \partial \, TR_1 / \partial \, L = \delta_1 am_1{}^{\beta^1} \alpha_1 L^{\alpha_1 - 1} \qquad (6)$$

将其简化，令 $A_1 = \delta_1 am_1^{\beta^1}$，有：

$$w_1 = A_1 \alpha_1 L^{\alpha_1 - 1} \qquad (7)$$

δ_1 为边际收益中分配给劳动的比例。相应地，资本获得收益增加的回报比例为 $(1 - \delta_1)$，此部分用于资本的折旧与积累。在此处，δ_1 被认为是外生的，并不决定于某一个参数或变量。[1]

2.3.2　工业部门

与农业部门的设定相似，令工业部门的生产函数为：

$$Q_2 = bK_2^{\beta^2} L_2^{\alpha^2} \qquad (\alpha^2 > 0, \beta^2 > 0) \qquad (8)$$

由于工业部门具有明显的规模报酬递增特质，[2] 所以有：

$$\alpha^2 + \beta^2 > 1 \qquad (9)$$

省略与农业部门近似的推导过程，得到工业部门的工资率：

$$w_2 = p\delta_2 \, \partial \, TR_1 / \partial \, L = p\delta_2 bm_2{}^{\beta^2} \alpha_2 L^{\alpha_2 - 1} \qquad (10)$$

其中，p 为工业产品的价格；其余变量代表相同含义，以下标区分。类似的，有：

$$w_2 = pA_2 \alpha_2 L^{\alpha_2 - 1} \qquad (11)$$

---

[1]　事实上，诸如 $Q_1 = aK^{\beta^1} L^{\alpha^1}$（其实也是外生变量）等表示生产弹性的参数对 α^1 是有影响的。然而，选择忽略该影响会使模型在相当程度上变得简洁。更重要的是，一国或地区的历史、制度、文化及传统方面的非量化因素对 δ_1 的影响更为显著。比如，工会的力量可能会使 β^1 在其他条件不发生改变时有明显增大。特别是在一个不长的时期里，δ_1 更多地受到非生产因素的影响。

[2]　随着工业部门的扩大，在大量专业化和劳动分工条件下，协作与创新动态促进，包括空间经济学中所强调的前向后向关联等。这是规模报酬递增的来源。大规模的劳动分工、报酬递增和新知识联合产物的经济增长才是收入水平不断提高的源泉。完全竞争的市场结构是特定情况下的，正如赖纳特所说："资本主义的生产方式是反完全竞争的。"详见埃里克·S·赖纳特著《富国为什么富，穷国为什么穷》（中译本），中国人民大学出版社。而且"如果没有规模报酬递增的话，为什么今天的生产模式不是'后院资本主义'？"详见藤田昌久、保罗·克鲁格曼、维纳布尔斯著《空间经济学：城市、区域与国际贸易》（中译本），中国人民大学出版社出版。

2.3.3　统一劳动力市场下农、工两部门的工资率差距变化

设经济体内的劳动力总的数量为 L，农业劳动力占比为 μ，则工业就业者占比为（$1-\mu$）。

一个重要的问题是，当工业部门就业者的工资率高于农业劳动者时，即 $w_1 < w_2$ 时，能否随着农民向城市的转移，收入差距逐渐缩小。如果可以伴随离农而缩小工农收入差距的话，则应满足：

$$\partial(w_2 - w_1)/\partial\mu > 0 \tag{12}$$

即有 $\partial w_1/\partial\mu < \partial w_2/\partial\mu$。

$$\partial w_1/\partial\mu = A_1\alpha_1(\alpha_1-1)\mu^{\alpha_1-2}L^{\alpha_1-1} \tag{13}$$

$$\partial w_2/\partial\mu = -pA_2\alpha_2(\alpha_2-1)(1-\mu)^{\alpha_2-2}L^{\alpha_2-1} \tag{14}$$

将（12）、（13）代入（11）中，并整理得：

$$pQ_2/Q_1 < (\delta_1/\delta_2)\left[(1-\mu)/\mu\right]^2\left[\alpha_1(1-\alpha_1)/\alpha_2(\alpha_2-1)\right] \tag{15}$$

这表明，只有在满足不等式（15）的条件下，在农业劳动力流向城市的同时才会让工农的收入差距缩小。根据（15），可得到如下的结论。

2.3.4　变量对收入差距变化的影响分析

第一，（15）的左边是工业产值与农业产值的比值，该值越大，则工农收入差距缩小的条件就越难满足。pQ_2/Q_1 的值体现着一国的发展阶段。一般来说，一国经济社会的发展程度越高，该值也就越大，在其他条件不变的情况下，越难以通过离农来使工农收入均等化。根本原因应该在于，农业产值占比越小，所能提供的农业收入越有限，在农业人口占比一定的情况下，越难以为农业劳动者提供足够的收入。

第二，考虑（15）右边，μ 越小，则右边的值越大，不等式越容易被满足。这意味着，农业人口占比越小，越容易通过农业人口的转移来使工农的收入差距缩小。μ 越小，农业人口流出所产生的农业收入增加效应就越大。看一个极端的情况，当 μ 从右边趋向 0 时，（15）右边接近无穷大。如果能够保证左边的值不变的话（当然，随着农业劳动力的减少，这一点较难保证），那么该式一定满足。关于 μ 的变化引起的收入均等条件的变化，下文将详细讨论。

第三，如果外生变量 α_1 从左边接近于 1，也就是说农业是接近于规模报酬不变的行业，而不是典型的规模报酬递减的行业，那么（15）右边接近于 0，则不等式不可能被满足。这意味着，如果农业是规模报酬不变的行业，则不可能通过离农较快地增加收入并赶上工业的工资水平。这像是一个"反直觉"的结论——比起规模报酬递减特征，具有报酬不变特征的行业反而不能将收入

差距缩小。原因在于，μ 的减小对农业劳动力流动来说是一个"逆过程"，μ 变小意味着农业劳动者的流出，单位土地上的投入规模变小。这样，规模报酬递减的假定将会使农业平均收入增加。

第四，考虑外生变量 α_2。当 α_2 从右边接近 1 时，（15）式右边趋向于无穷大。而（15）式左边必然不是极端值，所以条件一定满足。这意味着，如果工业部门具有规模报酬不变的特征的话，那么随着农业劳动力持续涌入工业部门，工农收入差距必然会随之缩小。而且可以看出，α_2 越大，则（15）右边越小，收入差距缩小的条件就越难以满足。这体现了重要的含义：当一国的工业已经发展到具有明显的规模报酬递增、协同效应与学习效应的阶段（α_2 较大），试图通过农业部门的劳动力流出来缩小工农收入差距将更为困难。原因是，如果工业部门具有明显的规模报酬递增特质，那么农业劳动者向工业部门的流入并不会起到"稀释"工业工资的作用，反而会加强规模优势，使工业部门的工资率上升。

第五，价格条件 p 的变化会影响收入差距缩小的条件的满足。当 p 变大，即价格条件向不利于农业的方向转移时，那么条件满足将变得更为困难。必须提到的是，在封闭经济体的假设下，p 是国内工农交换的相对价格，p 变大是由于上文提到的农产品的需求弹性小等由农产品特质所决定的原因。在开放经济体的假定下，p 等于国际市场价格 p_i。如果一国农业生产对比国际水平相对低效（生产成本较高）的话，那么 $p < p_i$，即该国的农产品相对价格高于国际水平。这意味着，如果一国农业相对低效，那么在由封闭转向开放的过程中，p 将会变大，使不等式更加难以成立。在现实中，农产品贸易自由化进程甚至使一些国家的农业生产难以维持。

第六，总收益中归于劳动者的比例（δ）影响着条件的满足。从（15）可以看出，δ_1 增大，δ_2 减小，会使收入差距缩小的条件更易于满足。假如工会的力量使分配条件向有利于劳方而不利于资方的方向转变，将表现为 δ_2 增大。与此相似，诸如设备折旧变慢等生产条件的改善也可以使 δ_2 增大，因为用于补偿资本损耗的部分变小了。这些都不利于条件的成立，原因是工业劳动者的收入水平因此提高了。一般来说，如果小农户经营也已实现了农用机械现代化，那么由于资本投入（如农机等设备）难以被充分利用，所以 δ_1 的值会较小。

2.3.5 对内生变量 μ 的具体考察

（15）式可变形为：

$$\frac{\mu^{\alpha_1-2}}{(1-\mu)^{\alpha_2-2}} > \frac{pA_2\alpha_2(\alpha_2-1)L^{\alpha_2-\alpha_1}}{A_1\alpha_1(1-\alpha_1)} \tag{16}$$

可知，只要 α_1 与 α_2 不十分接近于 1，（16）右边必然不为极端的值。下面考察左边的单调性情况。令

$$f(\mu) = \frac{\mu^{\alpha_1-2}}{(1-\mu)^{\alpha_2-2}} \tag{17}$$

两边取对数

$$\ln f(\mu) = (\alpha_1-2)\ln\mu - (\alpha_2-2)\ln(1-\mu) \tag{18}$$

对 μ 取导数，并整理得：

$$\frac{f'(\mu)}{f(\mu)} = \frac{\mu(\alpha_2-\alpha_1)+(\alpha_1-2)}{\mu(1-\mu)} \tag{19}$$

令（19）大于 0，得：

$$\mu > \frac{2-\alpha_1}{\alpha_2-\alpha_1} \tag{20}$$

当（20）满足时，$f(\mu)$ 为单调递增，否则为递减。

再探讨 $\dfrac{2-\alpha_1}{\alpha_2-\alpha_1}$ 的值，当其大于 1 时，即 $1<\alpha_2<2$ 时，μ 只能在小于 $\dfrac{2-\alpha_1}{\alpha_2-\alpha_1}$ 时取值，即 μ 在 (0，1) 上时，$f(\mu)$ 递减，

可知 $\lim\limits_{\mu\to0^+}f(\mu)=+\infty$，且 $\lim\limits_{\mu\to1^-}f(\mu)=0$，以 μ 为横轴做图像如下：

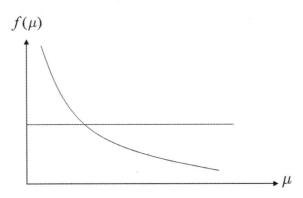

图 2-1　$1<\alpha_2<2$ 时收入差距减小条件（16 式）的几何表达图形

注：水平直线为（16）式右边的几何表达；递减的凸曲线为（16）式左边的几何表达。

当 $\dfrac{2-\alpha_1}{\alpha_2-\alpha_1} < 1$ 时，即 $\alpha_2 > 2$ 时，在 $(0，\dfrac{2-\alpha_1}{\alpha_2-\alpha_1})$ 上，$f(\mu)$ 递减；

在 $(\dfrac{2-\alpha_1}{\alpha_2-\alpha_1}$, 1) 上，$f(\mu)$ 递增。且 $\lim\limits_{\mu \to 0^+} f(\mu) = +\infty$，$\lim\limits_{\mu \to 1^-} f(\mu) = +\infty$。可做图如图 2-1，可细分为两种情况。

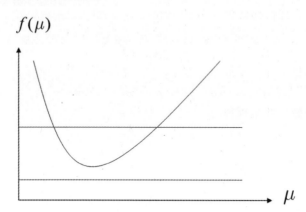

图 2-1　$\alpha_2 > 2$ 时工农收入差距减小条件（16 式）的几何表达图形。

注：水平直线为（16）式右边的几何表达；递减的凸曲线为（16）式左边的几何表达。

第一，（16）式右边，在图像中表现为水平直线，与左边曲线相割。

第二，（16）式右边，与左边曲线相离，即左边总是大于右边，无论 μ 在（0，1）上取何值，（16）式都满足。

分别对 $1 < \alpha_2 < 2$ 和 $\alpha_2 > 2$ 两种情况进行分析。

2.3.5.1　$1 < \alpha_2 < 2$ 的情况

α_2 的值体现着工业部门规模报酬递增的程度。α_2 在取值范围（1，2）的假定下，结合图形 2-1 可知，如果初始时点在交点的右侧，那么 μ 在减小的过程中（即农业劳动力流向工业部门的过程中）必然要经历工农收入差距逐渐增大的过程，直到 μ 的值小于交点对应的横轴的值为止。而当 μ 小于交点值以后，在 μ 继续减少的过程中，工农收入差距将逐渐缩小。当 μ 减少到一定程度，农业工资会迅速地上升，因为农业劳动的边际生产力会很快地增加（也就是 μ 增大时，边际生产力快速减小的逆过程）。考虑农业部门的生产函数，有 $\lim\limits_{\mu \to 0^+} w_1(\mu) = +\infty$。也就是说，当农业人口减少到很少的状态时，农业收入接近无穷大。在现实中，由于单位劳动力可利用的土地增多，导致收入水平很高。在 $1 < \alpha_2 < 2$ 时，当 μ 小于交点值后，农业工资会比工业工资更快地上涨。也就是在此区间，体现在工资率上，工业部门规模报酬递增程度将小于农业部门的规模报酬递减程度。

2.3.5.2　$\alpha_2 > 2$ 的情况

如果 $\alpha_2 > 2$，相比上一小节的讨论，工业部门的规模报酬递增程度又显著很多。（16）式左、右两边的大小关系可以分为两种情况。

一是（16）右边总是小于左边，无论 μ 取何值。也就是随着农业劳动力逐渐流出，工农的收入差距会稳定、持续地减小，而不依赖于农业劳动力的比例大小。

二是（16）式左、右两边的大小关系会随着 μ 的变化而发生改变。在图 2-1上，代表右边的水平直线将会与代表左边的折线相割，左右两个图形有两个交点。这样可以分为三个区间。从右至左，在第一个区间，（16）左边大于右边。如果从这个区间开始离农进程的话，那么工农收入差距会不断缩小。直到进入第二个区间，工农收入差距的变化开始逆转，转而增大（必须提到的是，在此模型中，农业收入不会高于工业收入，否则将没有动力使农业劳动力离开农业）。到第三个区间，工农收入差距会再度变小，并且此趋势会持续下去。

看人口数量 L 的影响。在（15）式中，L 被合并到产值中去。（15）式可变形为：

$$\frac{\mu^{\alpha_1-2}}{(1-\mu)^{\alpha_2-2}} > \frac{pA_2\alpha_2(\alpha_2-1)L^{\alpha_2-\alpha_1}}{A_1\alpha_1(1-\alpha_1)} \tag{21}$$

从（21）式可以看出，随着 L 的增大，右边将会增大（因为 $\alpha_2-\alpha_1>0$）。这具有重要的意义——如果人口密度大，那么收入差距缩小的条件将不容易满足，或者说将更可能在离农的进程中同时拉大工农收入的差距。[①]

2.4　理论模型中体现的政策含义

2.4.1　不同发展阶段政策干预方向的调整

模型中分析了封闭条件下，一国或地区在粮食短缺阶段和充裕阶段所面临的工农业收入差距问题。这两个阶段的现象和问题其实在一定程度上是可以统合于上述的数理模型中的。在模型中，当 $\alpha_2>2$ 时，有一种情况是在最初的离农开始的时候，由于工业部门具有明显的规模报酬递增的特征（$\alpha_2>2$），所以在工业部门刚刚开始发展的时候，其效率是极低的（因为规模过小），此时期

---

① 在农业生产函数中，确定了 α_1 的值便等于规定了农业规模递减的程度，而规模递减的程度又取决于土地面积的大小。所以，确定了 m_1 的值等同于确定了土地的面积。所以，$K_1/L_1=m_1$ 的变化代表着人口密度的变化，而不能认为代表着以人口数量来衡量的国家规模的变化。从这个层面思考，日本比美国更不易满足收入缩小的条件，虽然日本的人口数量要远远少于美国。

很可能也正是粮食短缺的时期。在此阶段，如果不进行政策干预的话，工农收入差距会迅速地缩小，甚至逆转，工人将比农民更加缺乏食物，那么农民将失去离农的动力，工业部门也无法持续发展。在现代国家的工业化初期，为了支持工业，特别是重化工业部门（有显著的规模报酬递增，这意味着在起步时期的艰难）的发展，一国往往会采取掠夺农业的方式。这一做法是很典型的，在中华人民共和国建立后的很长一段时期里，以及20世纪50年代的日本都采取"工农剪刀差"的做法。日本比较快速地通过了这一时期，进入到工农收入差距持续增大的阶段。这是笔者着重讨论的阶段——农业问题不再是粮食短缺问题，而是农民相对贫困加剧的社会问题。农业劳动力持续地流入到工业部门和其他产业部门，但是农民的工资率却越发落后。考虑到在现实世界中，劳动力流动的速度必然受到城市接纳能力的制约，所以如果只是假设在工农收入差距渐趋增大的背景下会导致农业劳动力无限度地加速流入其他产业部门是不现实的。不断拉大的收入差距是一个严重的社会问题。从大的方向看，除了彻底的离农以外，有两种途径可以解决这个问题。这两种途径的选择主体是不同的。

第一，农户会在不完全离农的情况下选择从事其他产业的劳动，即所谓的农民兼业，以此获取其他产业的更高的工资率，分享工业化的成果。

第二，为了解决这一时期的农民贫困问题，政府倾向于利用其他产业的发展成果来"反哺"农业，而不会放任这种差距的扩大（本文假设工农收入差距的长期扩大是一个社会无法承受的），在民主政府的国家更是这样。这与工业化初期的"工农剪刀差"政策方向完全相反。

这两种方式的执行主体不同，但路径的实现却有着共同的推动因素——工业化。在工业化进程中，工农收入差距被拉大，农民在主观上会有兼业的想法。而由于工业以及其带动的产业向农村和城市周边地区的渗透，客观上确实大大增加了农户获得兼业机会的可能性。此外，在工业化进程中，农业产值所占国民生产总值的比例迅速减小。而且随着工业化的深化，产业结构的提升，食物的价格不再是决定劳动力成本的主要因素，也不再是一国工业发展难以承受的负担，进行农业保护、提升粮食价格（农业补贴的本质）以提高农民收入逐渐变得可行。

2.4.2　开放经济体假设下的农业保护政策的负面作用

在工农工资率差距逐渐扩大的阶段，由此造成的城市与农村的贫富差距可能会以折中的方式来解决，即农户并不完全（或不主要）依赖于农业收入。同时，政府会实施农业保护政策，受益者是农民。那么，这样的解决工农贫富差距的折中办法会对农业发展产生怎样的影响？笔者选择从农民彻底离农之标准的不同的视角来进行分析。需要将经济体区分为封闭与开放两种情况。

2.4.2.1　封闭经济体的彻底离农

抛开限制劳动要素流动的制度性约束，劳动力要素在经济体内部是可以自由流动的。可以认为，促进这种流动的动力来自于不同部门间工资率的差距。在农业规模报酬递减的假设下，在农村"过剩劳动力"逐渐流向其他产业部门的过程中，农村劳动力的平均收入会不断上涨。当农业收入与其他产业收入持平后，离农的动力将消失，① 劳动力的分布处于动态的平衡之中。在封闭的层面上，农业收入与其他产业收入均等便成为离农是否彻底的经济意义上的衡量标准。

2.4.2.2　开放经济体的彻底离农

作为开放经济体，即在贸易自由的前提下，农业的存在和发展是首先需要考虑的。在开放的条件下，只有当本国的农产品价格不高于国际市场价格时才能够认为本土的农业是能够维持稳定发展的，否则将受到来自于国外的价格更为低廉的产品的冲击，从而不得不作出调整。在此假设条件下，至少需要保证本国农产品的生产成本低于国际市场的农产品价格。当该条件不能够得到满足时，那么该国的农产品的生产成本构成便需要被改变以降低单位成本。当一国的人力成本较高时，这种改变将更倾向于降低单位土地上所投入的劳动力数量，使农业劳动力更多地转移出农业领域，实现农业结构的调整与改善。

综上，在封闭经济的假设下，以农民的相对收入水平为最重要的衡量标准，那么农民彻底离农的条件是工农工资率的均等，在农民兼业的情况下则为人均收入的均等；在开放经济的假设下，以农产品的生产成本为最重要的衡量标准，那么彻底离农的条件是本国的农产品价格不高于国际市场的价格。这两个条件不一定是一致的，或者说通常是不会被同时满足的。当在封闭的条件下，在农户的收入水平（在兼业情况下则是包括农业收入的总收入）达到城市居民的收入水平的情况下，离农并同时扩大农业生产规模的进程就会终止，结构的调整便会陷于停滞。但是，当该经济体突然进入开放的阶段（可能由于加入各类经济一体化组织的需要），不得不面对农产品贸易自由化的时候，在封闭经济体阶段达到的平衡状态便要被打破。如果没有政策干预，从封闭条件下的均衡过渡到开放情况下的均衡的过程必然是剧烈的，很可能是一个社会难以承受的——封闭条件下被保护的既得利益群体的抗争将是激烈的。

---

① 此处选择忽略了城乡环境、教育、卫生等方面的差异对工作行业选择偏好的影响。

无论是在封闭阶段缩小工农差距的过程中，还是在由封闭向开放的过渡中，政策干预对农业自身发展的影响都可能是消极的。在工农收入差距存在的前提下，在差距持续增大的过程中，政府迫于压力（往往来自相关利益集团，后文有详细论述）会选择对农业进行支持，支持的最直接目标是增加农民的收入。当然，这也是缓解社会压力的最有效的政策方向。根据模型中的（15）式，为了让其能够成立，即为了让工农工资率差距回到收敛的路径上或尽量缩短差距扩大的阶段［在模型中，（16）的右边的几何表示，即水平直线将向下移动，相割部分必然缩短］，政府可以祭出的政策工具只有提高农产品价格（在模型中是降低价格条件 p）。① 农产品价格的提高在一定程度上提高了小规模农户维持下去的能力，因为价格的提高直接增大了成本覆盖率和农业劳动收益。与农民兼业相同，农业保护延缓了农业结构调整的进程，限制了农业生产规模的扩大。结合模型，表现为难以过渡到工农工资率差距缩小的阶段。而在差距缩小阶段，农业劳动的边际生产率会有显著提高。

当经济体"封闭"的条件难以为继时，封闭条件下的离农程度与开放情况下，即农业将要面对来自国际竞争情况下的离农程度（离农程度决定着农业生产规模）可能会有相当大的差距，而较大的差距会再一次为政府的政策干预提供空间。因为如果没有政策的干预，在国内、国际成本差距较大的前提下，一旦开放，其结果并不会是刺激农业结构迅速调整以达到适度的规模，而是将严重地破坏农业生产，使小规模农业难以维持。

必须认识到，政府针对农户实施的保护政策对农业的发展可能是不利的，对内对外的政策工具都有类似的影响。对内，为了尽快弥合工农工资率的差异，政府倾向于提高农产品的价格。提高农产品价格是保护的根本方式，即使从提高收购价格演变为 WTO 框架下允许的直接补贴，其本质依然没有改变。对外，为了能够维持国内农产品的高价格，必须设置限制廉价农产品进口的贸易壁垒，否则将带给一国财政极大的压力。无论是提高国内的农产品价格的价格支持政策，还是将国外竞争力更强的农产品挡在关境以外的国境政策，其目标都是增加农户的收入。这将不可避免地增加小规模农户生存下来的可能性，而小规模农户的留存是对农业结构调整的极大阻碍。而农业结构调整不力使人力成本无法有效分散，而且不利于适用于大规模耕种的农业现代化作业。

农业保护政策实质上保护的是农民的利益，在一定的背景下，比如说农民普遍兼业的背景下保护的则是兼业农户的利益。从经济效益上看，保护政策会

---

① 文中所指的政策工具是较"狭义"的，并未包含灌溉设施修缮、水土涵养、环境保护等农村投入与整治措施，所以并没有否定此类政策行为对农业发展的正面作用。

带来巨大的损失。以日本为例，为了保护农业，日本政府发放了各类补助金，并设置了许多进口壁垒。根据 OECD（经济合作组织）的估算，日本的 PSE[①]总额为 4.2 兆日元，远超过 3 兆日元的农业附加值（两者均为 2007 年的统计数据）。[②] 这意味着日本如果没有农业生产的话，国内生产总值会增加。与此类似，美国为了保留住受到进口竞争冲击的产业中的一个工作岗位，所付出的成本是工人工资的数倍。以上事例均说明，为了保护相应产业，相关政策的制定与介入反而降低了福利。政策的制定削弱了社会的总福利，这以规范的观点是难以解释的。政策性分析一般性的规范方法将整个政策制定过程视为一个社会福利最大化的黑箱。然而，现实中的政策制定以及实施的每一步都是政治的，包括立法的过程、政策实施以及行政代理机构及其下设机构的选择和组建都是政治的。[③] 事实上，经济政策制定的政治过程常常受到立法、行政领导及代理机构、法院、各种特殊利益集团的影响。在政策形成过程中，相关利益集团的博弈结果尤为重要（后文将针对日本农业详细论述）。

综上，在工业化过程中，工农收入差距迅速拉大。根据理论模型，单纯依靠农业生产的扩大而达到收入均等化是困难的。而且伴随着工业向城市周边与农村地区的导入，农户倾向于通过兼业来获取经济发展的成果。农民兼业、收入来源多元化的一个结果是，农民对于农业的依赖减弱了，农户必须在所涉及的就业产业中分配自己有限的要素以获得总收益的最大化。这意味着可能缺乏更多地租用土地、扩大农业生产规模的动力。工业化的成果又为农业保护提供了条件，并且使农地的价格有上涨的预期。这意味着农户不愿放弃原有的农地及农业生产。农户对待农业生产规模扩大的消极严重制约着农业结构的调整。农业利益集团院外活动的直接成果便是获得国家对于农业生产者的支持。这种支持可以使低效的农业生产维持下去。由于农户的收入来源已经多元化，所以即使农业衰落，兼业农户的收入仍然可能持续地增加，并向其他产业劳动者的水平接近。这便得出了本文的一个重要地结论：在一国经济高速发展的进程中，工业化作为经济基础，利益集团的院外活动作为政治动力有使农民利益和农业发展发生分离的趋势。

相关利益集团会代表农民的经济利益，而农业的产业利益却只能由国家从

---

① PSE 是指通过对农业生产与农业收入进行补贴的政策手段，从消费者以及纳税人手中流向生产者的金额。

② ［日］神门善久：《日本现代农业新论》，文汇出版社 2013 年版，第 12 页。

③ 阿维纳什·K·迪克西特：《经济政策的制定：交易成本政治学的视角》，中国人民大学出版社 2004 年版，第 7 页。

粮食安全的视角去关注，特别是在农业产值占比越来越小的情况下。那么，当农业的利益与其他产业的利益发生冲突的时候，政策又会向什么方向发展、农业的前景又是什么呢？在后工业化时代，如日本在 20 世纪 80 年代以后的阶段，农业在国民经济中的地位愈发无足轻重。如上文所述，高额的补贴使农业沦为"负产业"。除了财政上的负担以外，对农业的国境保护（贸易管制）必然招致其他国家的反对。这种反对往往以对保护国的出口贸易和投资的歧视反映出来。在 GATT（WTO）框架下，对农业领域的保护有相对例外的原则，只要将保护措施"绿箱化"，比如使用不刺激生产的补贴方式等，可以在一定程度上被接受。但是，在区域经济一体化的背景下，如在 FTA/EPA 框架下要求更加彻底地取缔贸易壁垒，对农业的例外就难以被接受。如果一国或地区坚持对农业进行保护的话，结局很可能是无法加入重要的区域经济一体化组织。如果被排除在区域经济一体化化组织之外，一国的损失可能是巨大的，从总量上看会超过由保护所带来的农业利得。所以，如果单从经济角度考量，对于发达国家，为了工业产品的出口和对外投资的无歧视而放弃对农业的保护是"正确"的。但是，一国（特别是大国）又无法置农业利益于不顾。这里有两方面的原因。

第一，农业利益集团的力量。如上文所述，农业相关利益集团的政治力量是巨大的。比如，日本的农协，甚至包括政府部门——农林水产省都会为设置贸易壁垒、增加农业补贴而不遗余力。

第二，一国的粮食安全问题。农产品具有特殊性，关系到社会的稳定，保持一定的食物自给率更多不是经济上的考量，而是国家安全层面上的目标。如果任由粮食进口，那么对于农业没有优势的国家的农业生产来说，打击可能是毁灭性的。更为重要的是，一旦农业生产被破坏，耕地荒芜，人员流失，再进行恢复是需要较长时间的。所以，粮食在较大程度上依赖于进口的国家，国家安全是得不到根本的保障的。对于如日本这样农业孱弱的后工业化时代的国家，在放开农业保护获取巨大的经济利益、国际发展空间与继续保护农业以维持粮食生产安全之间必须作出取舍。取舍体现在政策的倾向性上，而政策的制定与执行则是具体的政治过程。

以日本为例，农业问题已经使日本在融入东亚区域经济一体化（广义上包括澳大利亚）的进程中陷入困境。如果接受 FTA/EPA 的全面放开贸易的条件，日本的小规模经营农业将极度衰落，甚至难以存在于区域经济一体化之中。而如果坚持对农业的高度保护，以至于使本国最终无法缔结区域经济一体化协议的话，那么将对本国其他产业的发展产生较大的负面影响，特别是在区域内其他主要国家已经达成协议的情况下。

　　若要真正改变日本农业小规模经营的现状，可行的路径是农业结构调整。通过农业结构调整，扩大生产规模、改变生产主体的状态以降低农业生产成本，增强农产品的国际竞争力，使农业贸易壁垒形式可以关税化并逐渐退出。但是，如上文所述，由于农民利益与农业发展的分离，农民与农业的利益已经不存在完全的一致性。虽然农业结构调整是增强农业竞争力的有效途径，农业生产主体构成也要以大规模的专业农户为主，但是在这一进程的推进中，农民的利益，特别是占农户总数 80% 以上的兼业农户的利益将不可避免地被损害。鼓励土地流转（扩大规模的必由路径）与削弱农业补贴应该是并行的。① 更重要的是，必须逐渐放开农产品贸易壁垒。这意味着农产品的价格会逐步向国际市场水平回归。

---

　　① 鼓励土地流转的前提是一部分兼业农户要放弃农业生产，而农业补贴有将小规模农户滞留于农业生产的效应。由于农民与农业的利益分离，日本的对农政策往往陷入两难困境，比如"减反"和提高米价就是一对矛盾的政策。

第3章 战后日本农业发展格局的形成

战后初期，日本经历了城市人口大量回流农村、为支持工业发展而掠夺农业的过程。而这一过程不利于农业发展的格局逐渐形成。

3.1 战后日本农业发展不利的初始条件的形成

3.1.1 战后的日本城市人口回流

随着日本政府于 1945 年 8 月 15 日接受《波茨坦公告》并宣布无条件投降，其在海外的领土和殖民地、半殖民地和势力范围全部丧失，日本对外经济关系几乎处于崩溃的状态。由于日本在战争中惨败，整个工业严重荒废，日本本土财富的 41.5%，包括在国内外损失和处理的武器等军用资产在内，直接或间接地毁灭于战争之中。[①] 在战争经济开始崩溃的过程中，日本的工业生产大范围地急剧下降。而在美军占领之后，日本的军需市场被立即废除。取消军需，对工业的直接和间接打击是很严重的。除了武器和航空部门以外，金属、机械与化学等部门的生产也几乎陷入停滞状态。从数据上看，从日本投降前后到美军进驻日本的这一段时间，日本的工矿业生产下降非常快。在这一期间的危机中，日本在两年内工业生产指数下降 86%，其间曾在 4 个月内下降了 60%。

对垄断资本来说，废除军需市场是不可估量的损失，因为垄断资本在战争期间日益深入地卷入了军事生产。特别是在太平洋战争后期，日本几乎全力以赴地进行军工生产。而对日本民众来说，军需等工业生产的取消或削弱具有正反两方面的影响。一方面，意味着人们的负担在很大程度上减轻；另一方面，由于工业生产的减少，大规模的失业问题也出现了。在日本投降前夕，日本的军工投资和军事开支几乎占到了国民总生产的 50%。所以，军事生产的被迫

---

① ［日］小林义雄：《战后日本经济史》，商务印书馆 1985 年版，第 8 页。

停止不可避免地导致了城市工人的大规模失业。其中，军需工厂的工人超过半数以上被遣散。据厚生省①统计，从 1945 年 8 月到 10 月中旬，在两个多月时间里，日本的失业工人数达到 500 多万，包括由于战败从海外退回人员及复员军人，总数超过 1300 万人。这些人员形成了一个庞大的失业队伍，境况凄惨。通过当时仍保有工作的人员的工资率的变化，也可以对当时的窘困状况窥见一斑：日本战败后，当年的实际工资指数比战前平均低 10％以上。

数量巨大的冗余人群的城市生活难以维持，农村成为能够容纳这些人口的唯一选择。由于失业人口向农村回流，农村的农户总数急剧增加。日本战前的农户总数为 550 万户，而到 1950 年已达到 620 万户。② 由于在此期间耕地面积没有太大的变化，所以耕种面积不得不有所减小。也就是说，日本战后的人口回流使得农村的土地面临着再次平均分配的压力，以使回流人口得以安置，保持农村地区的稳定。这种压力是来自日本内部的推动农地改革的动力。

结合第 2 章的理论模型，抽象来说，日本战后人口大量回流农村，使 μ 增大，因而使工农收入差距变小的初始条件更加不易满足。这是日本不同于其他主要发达国家的情况之一。

3.1.2 占领期的农地改革及后果

按照联合国军总司令部（CHQ）期望日本所起的作用的不同，占领期可以分为前、后两个时期。前期从 1945 年到 1947 年为止，占领政策的核心目标为日本的非军事化和民主化，即着力消除隐藏在日本社会的法西斯隐患。但是，前期的核心政策在 1948 年 1 月发生了方向性的转变。面对以中国为首的日本周边国家的社会主义发展浪潮，政策逐渐向为将日本变成美国的"反共"据点而振兴日本经济，并促进其自立转变。占领前期，日本经济改革的主要内容包括资本、劳动和农业政策。其中，资本、劳动政策随着占领政策从前期向后期过渡而发生了一定的变化，而农业改革的核心则一直没有发生大的改变，始终是为变革战前日本"半封建化"的地主制度而进行的农地改革。

在当时的背景下，日本在占领期内的农地改革有内外两种力量支持。

第一，从日本国内看，由于大量的失业人员涌入农村，农村维持稳定面临挑战。

第二，以美国为主的占领军的推动力。

外部力量的目标又可分为两个层面。对日层面，破坏日本军国主义的经济

---

① 厚生省是日本中央行行政机关之一，主管国民保健、妇女、儿童福利等国家事务。

② ［日］中央大学经济研究所：《战后日本经济》，中国社会科学出版社 1985 年版，第 37 页。

基础，消灭寄生地主阶级，建立以自耕农为主导的农村生产基础是剔除日本社会的法西斯隐患的根本方式；另一层面，在占领后期更为主要的目标是将日本作为亚洲的堡垒，对抗以苏联和中国为主的社会主义阵营。那么，能够促进日本经济自立的农地改革政策也是迫切需要的。必须认识到，当时日本农地改革的背景是复杂的，无论是从农村的人口、就业压力看，还是从日本在美国立场上看所应具有的功能，变革的发生都是不可避免的。

与其他方面的改革是在占领军的主导和催促下不同，农地改革案的立案是日本先于占领军提出的。这也体现了日本国内关于解决农村问题的压力之大。从海外归来、因为工厂倒闭而失去工作的人员遍布日本社会，国民处于饥饿状态，每人每天能量的摄取只有 1500 卡路里。[①] 对土地所有制和政府对农产品的强制购买制度不满的农民日益增多，由此而爆发的农村抵抗活动呈现难以遏制之势。在这种背景下，日本政府为了抵制当时的共产主义思潮的威胁，防范农村地区因为被强制交粮而发生抗议活动，提出了《农地改革纲要》。其核心内容包括以下两点：

第一，为建立以自耕农体系为主的耕作体系，强制收购不在乡地主的出租地与在乡地主 5 公顷以上的出租地。

第二，改变实物交租方式，代之以货币交租。

如此激进的变革内容遭到地主阶级的强烈反对，土地强制转让的面积比当初的设想要少许多。所以，从消灭地主制度的视角上来观察，由日本政府主导的第一次农地改革基本上可以说是失败的。最终，起到决定性作用的是占领军的权威（需要强调的是，从战后初期起，日本农业发展的命运就和政治因素紧密结合，而且来自国外的压力也在很大程度上决定了后来日本本土农业的发展）。作为美国意志的代表者，英国代替美国对农地改革方案进行了整理。[②]该提案于 1946 年 6 月被提出。相对于第一次改革提案，第二次提案对寄生地主阶级更为不利。例如，在第二次提案中决定，国家强制购买地主超过保留限度的出租地，其中都府县为 1 公顷，北海道地区为 4 公顷，保留面积小于第一次提案的 5 公顷，且不在乡地主的所有出租地都得不到保留。

此次农地改革虽然是在资本主义范围内为改革农地所有关系、促进农业发展的变革，但是却是相当的激进。日本国民寄希望于此次农地改革能够促进农村的民主化和农业的现代化发展。但是，此次农地改革也存在局限，由其导致出现的一些问题直接制约了后来日本农业的规模化发展。具体来看，此次地主

---

① ［日］晖峻众三：《日本农业 150 年》，中国农业大学出版社 2011 年版，第 83 页。
② 美国是对日理事会的主席国，不适宜作为提案者。

制度的解体与自耕农体制的创设，不但没有改变战前就存在的日本农业经营中耕地的零散、小型化状况，反而使这种特征更加明显。在当时的土地改革过程中，即使不对农户的经营面积进行调整，仅仅是把零散的、不成片的土地进行整理和交换的话，也会在很大程度上促进后来的农业经营规模化。但是，由于占领期间农地改革的时间很紧迫（由当时日本社会面临的内、外压力所决定），所以改革在不到两年的时间内便完成了。一般来说，在这样短促的期限内，同时完成土地的分合整理与交换交易等繁琐工作是不可能的。可以说，占领期内的农地改革在土地成片化和规模化上的失败是后来日本农业危机出现并难以解决的初始性原因之一。自耕农体系的建立、土地的平均分配使得本来经营规模就很小的日本农业更加与规模化经营背道而驰。土地所有权的确立在带给自耕农经济利益与社会地位的同时，也使日本在后来的经济高速发展时期再次进行的农地制度改革陷入僵局。

也有观点认为，占领期内的农地改革是日本在第二次世界大战前农政变化的延续，石黑忠笃、小平权一等人曾构想的保护佃农权利、在战时农林省对地主的冷落都可以看做是农地改革的先驱。[①] 从农业劳动者身份变化的视角看，也可以分析其在日本社会发展的不同阶段所起到的作用。当佃农的权利得到保护，并以土地资产保有的形式体现出来时，佃农群体便转换为自耕农群体。按照当时的设想，以自耕农为主体的农业劳动者将承担农业的产业职能。但是，伴随战后日本工业经济的高速增长，自耕农群体很快转化为兼业农户群体，兼业农户的收入越来越源于非农产业，其利益不再与农业的发展一致。农业生产者与农业发展的利益的分离是战后日本农业发展陷入困境、对农政策出现矛盾的根本性原因。

占领期内的农地改革之所以可以较为顺利地进行，主要原因在于占领军的权威，而在战后日本经济高速增长期的农地改革和农业结构调整则是困难重重。笔者认为，除了上述所提及的农民、农业利益分离等重要原因以外，农地流转困难在日本是有历史渊源的，起码从近代来看就是这样。以第一次世界大战为发展契机的重工业化使地主和佃农对村落的整体利益关心程度下降，农村的秩序也开始变得混乱起来（这与战后随着日本的工业化，农村变得凋敝，日本政府不得不发起新农村建设运动很是相似。日本的农业很脆弱，很容易受到其他产业的影响）。在1920~1930年之间，曾经是相互很信任、互相依存的地主阶级与佃农阶层逐渐对立起来，并发生了多起所谓的"小作争议"。[②] 在那

① ［日］神门善久：《日本现代农业新论》，文汇出版社2013年版，第34页。
② ［日］神门善久：《日本现代农业新论》，文汇出版社2013年版，第31页。

一时期，地主阶级与佃农群体的对立不断加剧。开始是佃农团结一致就租税的数量与地主抗争，随后则演变成地主从佃农那里收回土地。这样便招致被收回农地的佃农更加激烈的反抗。当时，所谓的"小作争议"可以达到每年数千起，农村正常的秩序甚至也受到农地的影响，变得混乱。当日本政府意识到地主与佃农的关系关乎社会是否稳定，一些开明、积极的官员如小平权一等人决定维护佃农的利益。在农林省内，认为寄生地主与不在地主阶层的存在是影响日本农业发展的障碍的看法普遍存在。基于以上渊源，也就不难理解战后日本政府借助占领军的权威主动推动农地改革的做法。但是，日本政府在农地所有制等方面的不确定性使日本农业生产者对土地较为敏感，当平成农地改革试图促进土地流转时遇到了较大的阻力。即使是租赁等非永久转让的方式，也因为农户担心无法收回土地而在执行中变得困难重重。这在很大程度上制约了农业结构的调整。[①] 这也是占领期内农地制度激烈变革的负面意义之一。

3.2　掠夺农民政策的展开及影响

3.2.1　战后的强制购粮与财政掠夺政策

农地改革使农民拥有了自己的土地、能够支配劳动成果，并使自耕农的社会地位得到了一定程度的提升。但是，由于战后国际形势迅速变化，美国在全球范围内的战略发生了改变——反共产主义成为核心目标，具体的反共路径是构筑一条由富裕国家组成的防共堤坝。表现在对日占领方面，则是将政策主线转向迅速实现日本的经济复兴。迅速恢复日本经济的关键在于振兴日本在战争中被严重破坏的工业部门。为了使产值跌落到只有战前40％的工业生产能够在较短时间内得到恢复，日本政府于1947年以后推行了"倾斜生产方式"——以煤炭、钢铁等基础工业生产为中心。[②] 于是，日本政府在价格政策和财政领域中选择了牺牲农业的策略，即强行压低农产品的相对价格，实施"工农剪刀差"。这使农户所能享受到的农地改革的成果被削弱了许多。日本在当时所实施的"工农剪刀差"充分体现在1947年7月编制的《新物价体系》中。其中显示，煤炭、钢铁等基本生产资料的基准价格定得很高，为战前的65倍，而工业平均工资只有战前（1934～1936）基准的28倍。这种利用低

---

　　① 文中所指的"农业结构"不是指农牧业等构成的产业结构或者产品结构，而是指反映生产经营规模分布的经营结构。

　　② ［日］晖峻众三：《日本农业150年》，中国农业大学出版社2011年版，第91页。

工资率来保证企业能够盈利的方式是以牺牲农民利益为代价的，因为低工资策略的维持是以强行压低粮食的收购价格为基础的。

对农业的掠夺体现在价格、购销与财政等多方面。例如，从 1947 年开始，日本人的主食——大米便退出了市场的自由售卖，而转为国家制定价格，具体为比照战前的基准价格确定生产者米价。但是，由于当时农民必须在黑市购买几乎所有的农业生产资料，而大米价格的确定是由公开订立的生产资料价格为准的，所以以此方式决定的生产者米价甚至不能使农民进行再生产，即政府收购的价格无法覆盖包括人力成本在内的平均生产成本。原因在于，日本政府对大米生产成本的计算是将生产效率高于平均水平的农户作为衡量标准。更重要的是，在评价劳动工资水平时，是以日本劳动工资差异结构中最低类工种的农业日工资的标准来计算的。这造成政府统计出来的稻米生产成本要低于实际成本。可以说，日本政府制定的稻米价格在弥补了生产资料的投入后，剩余的部分根本无法让农业生产者拥有与城市劳动者相近的收入水平。这种非常具有掠夺性的稻米定价政策是造成当时农户贫困的主要原因之一。在这一时期，政府的强制购米价格不仅低于生产成本（详见表 3－1），也低于当时的国际市场价格。在占领期内，日本经历了非常严重的通货膨胀，而且存在着严重的粮食不足。在此情况下，农户并不愿意以低价将粮食卖给政府。在当时的局面下，占领军的权威起到了重要的作用，1946 年的《粮食紧急措施令》与 1948 年的《粮食确保临时措施法》成为强制购米的法律依据。在占领期的 4 年里，农民被强制交售的大米总量远远超过计划交售量。

表 3－1　　　　　占领期生产者米价与生产成本比率（每 150kg）

年　份	1946	1947	1948	1949
政府收购价/平均生产成本	111	129	124	87

注：1. 资料源于《改订日本农业基础统计》。

2. 平均生产成本是指全国平均值，不包括地租、成本利息、附加收入的直接成本。

除了强制交售粮食以外，日本的农业在经济恢复期间还遭遇到财政方面的掠夺。这使得本来在战争中相对受损较轻的农业也受到不小的打击。表 3－2 显示，租金、税收、利息等农民必须承担的各项负担与农户的收入比在此时期快速上升。在各种负担中，国税即所得税取代了地租，成为农民的主要税负。

表 3—2   农户的各种负担情况

年份	总负担与农户纯收入的比率（A）	各种负担的构成（%）			
		佃租	利息	各种税费	合计
1941（战前）	14.5	78.0	3.0	19.0	100
1946	7.9	10.0	0.0	90.0	100
1947	19.5	1.5	0.1	98.4	100
1948	14.8	1.0	0.6	98.4	100
1949	15.1	0.4	0.6	99.0	100

注：引自晖峻众三《日本农业 150 年》，中国农业大学出版社 2011 年版。原资料根据《农地改革概要》（农政调查会）863 编制。

在占领期，虽然农地改革政策使自耕农拥有了自己的土地，可以享受自己的劳动成果，但在沉重的赋税、畸低的农产品价格等政策掠夺下，小农经济逐渐陷入了困境。在经济遭受破坏的环境下，以零散小农户为主的农业结构，导致商业性的农业停滞不前。强制性低价购粮的一个后果是，农业家庭农产品的商品率跌至低于战前的水平。1936 年，日本农产品的商品率为 59.8%，1951 年则为 57.9%，有所降低。① 在占领期的土地改革后，战前算入到地租中、由地主买卖的近半数的商品米没有被划分到农家的农产品销售额中。如果考虑到这一点，战后初期的商品率就更低于战前了（强制征购的部分很难将其视为商品化的部分）。另一方面，从农产品结构的变化看，战后初期日本农业的商业化水平也要远低于战前。具体来看，谷物、薯类等果腹的作物比例增加，而经济作物，如养蚕的比重明显下降。可以说，此阶段日本实施的掠夺农业、农民的战略有其必要性。在战后的经济恢复初期，日本的工业发展是在废墟中重新起步，还不具备比较优势（在很大程度上源于没有规模优势）。为了使工业经济能够得到迅速而持续的恢复，对农业的掠夺则成为必要。强制购米等掠夺性政策的本质是压低农产品相对于工业产品的价格，农产品相对价格的压低则是降低产业工人工资率的前提，从而使工业生产能够持续下去。而且这种压低农产品相对价格的剪刀差方式，使日本的工业产品在国际市场上迅速地建立起比较优势，为日本的贸易立国奠定了基础。以掠夺农民而实施的低工资为基础，日本资本主义在废墟中得到转机，城市产业恢复。与此同时，城市职工的收入也增加了。但这又给农村带来了新的问题，那就是城乡收入差距的扩大。② 大

---

① ［日］中央大学经济研究所：《战后日本经济》，中国社会科学出版社 1985 年版，第 37 页。
② 焦必方：《日本的农业、农民和农村——战后日本农业的发展与问题》，上海财经大学出版社 1997 年版，第 3 页。

内力（1954）对日本战后初期和战前的农户生活水平进行了比较，作出了如下的判断：

第一，战后初期，日本农业家庭的生活水平要低于战前的自耕农，仅高于佃农。

第二，即使把相当于战前地租的部分转到家计费中，战后日本农业家庭依靠农业收入能够维持生活的程度也不及战前的自耕农，而且赤字更大，接近于佃农。[1]

可见，纵向相比，战后初期日本农民的实际生活水平几乎没有得到提高。而与城市劳动者相比，差距更是迅速扩大。

3.2.2 "倾斜政策"下的农民贫困问题

日本在 20 世纪 50 年代渐渐从战争的阴影中走出，并开始高增长时期的同时，日本的农民和农业却面临严重的调整问题。战后，日本的农户一直面临着贫困问题。在不同时期，农民贫困的原因有所不同。占领期内，因为存在食物缺乏的问题，所以政府强制购粮，国内交换的价格条件对农民极为不利。这是导致农民相对与城市劳动者贫困的主要原因。而在进入 20 世纪 50 年代后，食物缺乏问题逐渐解决，但工业尚不强大，需要压低食物价格以维持劳动力的低成本优势。所以，价格条件在政府的主导下仍不利于农业。而到 20 世纪 50 年代中期以后，日本在经济增长政策的引导下进入以新兴重化学工业为核心的经济高速增长的阶段，也是日本开始全面融入 IMF 与 GATT 体制下的国际市场阶段。日本的工业在此阶段逐渐显现规模报酬递增、技术变迁与协同效应等特征，渐渐脱离对低劳动成本的依赖。而且由于在 1955 年获得了稻米的大丰收，以致食物问题、劳动成本问题都不紧迫。但是，农民的贫困问题依然严峻，而且原因与此前具有本质的不同。在日本经济进入高增长期后，虽然农业生产的增长也很迅速，但仍远不及工业生产的增长速度，而且农业面临的价格条件仍无法得到有效改善。与前期不同的是，此时对农业不利的价格条件并不是在政府的主导下形成的。20 世纪 50 年代中期以后，日本农业的部门间贸易条件并未得到改善，原因有两个方面。

第一，美国和其他主要粮食出口国农产品剩余的压力。

第二，1955 年的农业丰收使主要谷物（尤其是稻米）的国内需求接近饱和点。[2]

因此，20 世纪 50 年代日本农户的收入水平和生活水平均落后于城市居民。

占领期对农民的剥夺使农民的贫困问题加剧。而到 20 世纪 50 年代，由于

---

① 〔日〕大内力：《农户生活水准》（有泽广已编：《日本的生活水准》第 5 章，1954 年），转引自《战后日本经济》。

② 〔日〕速水佑次郎：《日本农业政策保护探》，中国物价出版社 1993 年版，第 42 页。

日本农业自身的特点,① 农业人口数量相对较多（与战后初期人员大量向农村回流有关）等原因,农民贫困的问题依然没有解决。在进入 20 世纪 50 年代以后,日本面临的农业方面的主要问题发生了转化:从食物问题渐渐转向农民贫困问题。为了缩小农民与城市人员的差距并进一步刺激粮食生产,日本在 20 世纪 50 年代采取了以实现农业自立为目标、以"提高综合粮食自给率"为核心的农业政策。无论是为了刺激农业生产还是为了缩小工农收入差距,提高农产品价格都是当务之急。所以,农产品价格政策在本阶段日本政府农业政策中开始占据重要地位。占领期的强制收购粮食和从本阶段逐渐开始加强的价格支持制度都是对粮食流通市场化的干预,无本质不同,只是干预的方向相反。而且强制收购时期的做法,包括价格决定方式和收购组织方式都延续了下来,在后来的价格支持时期被继续采用,再到后来农业保护政策已经严重影响到农业经营规模扩大、制约农业结构调整的时期,基本的方式仍保留了下来。这里的价格决定方式指的是政府收购以大米为主的粮食的价格计算方式,而收购的组织方式的核心指的是以农协为主体的具体的收购执行者。随着日本经济社会的发展,对农业的掠夺渐渐转向为对农业的保护,米价的计算方式演变为农协为农户（主要为兼业农户）争取利益的工具。20 世纪 50 年代中期以后,日本米价往往要通过农协与政府的谈判来决定。这种方式是从强购时期就开始的,只不过在强购时期最终的价格要低于市场价格,而在经济进入高速增长期以后的做法则正相反。

3.3 日本农业发展战略的确定:《农业基本法》的目标与路径

自 1950 年起,日本农户与城市家庭间的收入和消费水平的差距不断扩大,在 1957 年的最低点时,农户人均收入仅为城市家庭的 60％。从农户收入占城市家庭收入的比重看,无论是家庭总收入还是人均的可支配收入,几乎在整个 20 世纪 50 年代不断下降。这成为《农业基本法》推出的重要背景条件。当时,农民与城市居民较大的收入差距成为社会不稳定的重要因素。为了稳定战后民主主义框架下的统治体制及实现经济高速增长所要求的农产品"选择性扩大",日本政府都需要缩小工农收入差距。在当时,日本政府已经意识到工农收入差距的弥合不能依靠提高已经高于市场价格的农产品价格来实现,而应该

---

① 此处指农产品的需求弹性与供给弹性都较小。这是日本农业不同于其他产业的本质特征之一。

通过调整农业结构,[①] 即扩大生产规模来实现。在此思想指导下,扩大农业经营规模、调整农业结构成为《农业基本法》贯穿始终的基调。在工农收入差距迅速扩大的前提下,由经济高速增长带来的以工业雇佣劳动为主的劳动力市场发展很快,农村的大量青年劳动力涌入城市,成为被企业雇佣的劳动者。农村劳动力的大量转移是"基本法农政"出台的第二个重要背景条件。农村的劳动力大量涌入城市,日本政府认为这是进行农业经营结构调整的契机,进而试图通过扩大农业经营规模来解决工农收入差距问题。

《农业基本法》于 1961 年推出。所谓结构政策,也即为改善农业结构而进行的政策实施,是农业政策的主流。[②] 基本法提出,随着日本经济于 20 世纪 50 年代开始的高增长,农业很快落后于其他产业,在生产力增长和从业人员的收入水平上都是这样,而且差距持续扩大。此外,出现了劳动力不断向其他产业转移的现象。这两点便是上述已经提出的基本法产生的背景条件。围绕着这两个基本条件,《农业基本法》将基本目标确立为两个:

第一,提高农业生产力,在产业素质层面上弥合农业与其他产业之间的差距。

第二,提高农民的收入水平,使农民能够依靠农业得到与其他产业相同的收入与生活水平。

至于达到以上目标的路径,基本法中也有清晰的设定:通过建立 100 万个自立农场来实现扩大农业经营规模、农业机械化及农业经营现代化。而以自立农场为经营主体的自立经营指的是具有能够发挥足够的效率,可以实现全就业的经营规模,并且能够通过农业生产达到与其他产业相同的收入水平。

可以看出,农业基本法在制定之初就将效率和福利牢牢结合,试图通过建立以"自立农户"为主体的农业经营结构,通过发展规模化的高效农业来使农户获取足够的收入。可见,基本法中体现的思想是农业与农民利益的一致发展,即农业是农户生产活动的主要内容,农户收入的提高要依托于农业产业素质的增强。事实上,从基本法实现路径的设定上看,日本政府在当时就已经认识到农业产业化道路的重要性,培育专业农户是其农业政策的重点。可以推测,在基本法推出之际,日本政府认为农村冗余劳动力向城市的转移会自然地提高人均土地的拥有量,从而扩大经营规模。而且认为,工农的收入差距会随

---

① 本文所指的"农业结构"不是指农牧业等构成的产业结构或者是大米、小麦、牛奶等构成的产品结构,而是指反映生产经营规模分布的经营结构。因此,"结构调整"或称"结构改善"政策的主要目的在于培育大规模的经营农户。

② [日] 关谷俊作:《日本的农地制度》,生活・读书・新知三联书店 2004 年版,第 5 页。

着劳动力的转移而倾向于逐渐消失。但是，后来日本农业的发展正如理论模型所预测的那样，由于工业规模报酬递增等因素，工农的收入差距并没有如预期那样缩小，反而向继续增大的方向发展，客观上并不允许农户只依靠农业生产就可以得到等同于城市的生活水平。这也成为阻碍自立农场成为经营主体的重要原因之一。这具体表现在，在经济的高速增长进程中，其他产业的工资并没有因劳动力流入的稀释而减缓增长，反而上升迅速。由于其他产业劳动者工资水平的提高，自立经营农户的经营规模标准也必然上升。只有自立农户能够按预期的速度成长，以大规模经营农户为中心的农业结构才会得到实现。然而，到20世纪末，基本法中设想的自立农户也没有成为日本农业的核心。相反，在基本法1961年推出后的40年时间里，自立经营农户的比例不断减小，从9％减小到5％，其产值占农业总产值的比例也从未超过30％。[①] 掣肘自立经营农户发展的一个重要原因是耕地并没有向专业从事农业的家庭集中。战后经济高速增长时期，随着其他产业劳动者工资的上升，自立经营农户收入的下限也相对提高了。以稻米专业农户为例，要获得与城市劳动者同样的收入水平，所需要达到的水田面积是，1960年为2.3公顷，1980年为5.5公顷，1997年则需要8.6公顷。如果专业农户要按照如此的速度扩大生产规模，那么必须有相当数量的农户离农。而由于土地价格上涨、农业保护政策等原因，事实上离农数量并没有达到能够实现自立营农的标准。一个很重要的事实是，如理论模型所预测的可能性，在日本农村劳动力不断转移的同时，工农间的收入差距并没有逐渐缩小，反而逐渐扩大。这一趋势在进入20世纪60年代中期以后更加明显。[②] 这使得农户失去了以农业获得相同收入水平的信心，以兼业农户为主的格局则不可避免地形成。从后来的结果看，《农业基本法》的目标没有实现。从这一角度说，《农业基本法》是失败的。但是，不能否认的是，《农业基本法》是具有前瞻性的。这一点从基本法对农产品经营品种的选择性扩大和缩小的权衡中也可以判断出来。在《农业基本法》即将推出时，日本农业在GATT体制下衰退的局面已开始出现。在GATT体制下，日本针对部分农产品采取了以扩大进口（主要来自于美国）来满足日益增长的农产品需求，同时放弃国内生产的"选择性缩小"政策。而对于经济高速增长过程中出现的对畜产品、蔬菜、水果及优质大米需求增大的情况，政府则针对需求增加的农产品采取了生产促进政策，即所谓的"选择性扩大"政策。这意味着，日本已不再

---

① ［日］速水佑次郎、神门善久：《农业经济论》，中国农业出版社2003年版，第239页。

② ［日］酒井富夫：《日本农业经营的现代化与农政》，转引自焦必方编《日本的农业、农民和农村——战后日本农业的发展与问题》，上海财经大学出版社。

像 20 世纪 50 年代初期那样致力于追求自给所有品种的农产品。日本政府已经意识到，在 GATT 框架下，以日本的农业禀赋条件是无法抵抗某些品种的农产品的进口的，其目标已经转向能够充足供应某些"重要"的农产品，即选择性扩大的农产品。这种做法也体现出，日本当时已经意识到在开放层面日本农业可能会面临的问题。

在增强农业竞争力的路径与提高农民收入方式的选择上，《农业基本法》中体现的思想是两者要具有一致性，农业一定要走产业化发展的道路，而农民要依托农业的发展而获得合理的收入，结构调整是使两者一致发展的合理机制。但是，最终日本农业与农民的发展则分化于不同的路径。

3.4　日本农民经济与政治地位不相称的原因分析

3.4.1　日本农业在国民经济中的地位

日本是世界上第三大经济体，发达的后工业时代国家。相比第二产业、第三产业的体量，农业产值在总量中占比很小。日本农林水产省在 2009 年出版的《农业白皮书》显示，2007 年日本的国内生产总值（GDP）为 5156510 亿日元，而同年日本的农业产值为 44430 亿日元，即农业总产值只占国内生产总值的 0.9%。[①] 2007 年，日本的农业人口和农业就业人口分别是 764 万人和 248 万人，而日本的总人口和总就业人口分别是 12,777 万人和 6414 万人，农业人口仅占总人口比重的 6.0%，农业就业人口占总就业人口的比重仅为 3.9%。2008 年，日本的出口总额达到 810180 亿日元，农产品出口额为 2880 亿日元，只占出口总额的 0.4%。同年，日本的进口总额为 789550 亿日元，农产品进口额为 59820 亿日元，占总进口额的比例达到 7.6。以上数据表明，农业产值在日本国内生产总值中的份额很小，不足 1%。

3.4.2　日本农民得到与农业经济地位不相称的财政支持

虽然农业在经济层面上的地位几乎微不足道，但是相比之下，日本的农业预算却显得很多。2007 年，日本国家预算总额为 8380420 亿日元，农业预算总额为 212420 亿日元，农业预算占国家总预算的比重达 2.5%。相对于 0.9% 的产值比重，日本农业预算的比例是很大的。而在上文提到的农业被掠夺的年

---

① 张云：《日本的农业保护与东亚地区主义》，天津人民出版社 2011 年版，第 13 页。

代，比如 20 世纪 50 年代中期，农业人口占总人口的比重达到 36.5％，日本农业生产总值占国内生产总值的 9％，农业预算占国家总预算的比重为 7.9％，预算比重和产值比重基本等量。从国际比较的情况看，日本农业的保护程度也很高。以国际上通常用的（农业）生产者支持补贴等量（PSE）作为衡量一个国家农业保护程度的指标。PSE 的定义是"通过对农业生产与农业收入进行补贴的政策手段，从消费者以及纳税人手中流向生产者的金额"，是由为支持保护环境与农产品价格而形成的消费者负担额与直接或间接支付给农户的财政支出所构成。PSE 与农业生产额之比表示农业保护的程度，通常称为百分比 PSE。日本的 PSE 为 48，其他发达国家，如美国是 6.85，EU 为 30.53，加拿大为 13.05（根据 OECD2008 年的推测）。通过横向比较可以发现，虽然几乎在所有的发达国家，农业都会受到相应的保护，但是日本的保护力度要明显更大。

在日本高速增长开始阶段，由于在工业中开发的新技术应用于农业，从而完全改变了农业的面貌。[①] 但是，在经济发展过程中，特别是在高速的工业化进程中，农业产值所占比例下降是普遍现象。其主要原因不在于农业生产技术，而在于食品需求的低收入弹性。[②] 在日本，随着农业的实际劳动生产率相对于工业劳动生产率的迅速下降，比较优势由农业转向工业，从而加快了农业份额下降的过程。但是，日本农业在国家政策、财政拨款等方面长期收到了政府的过度保护。

3.4.3 日本农民占据较高政治地位的原因分析

为什么农业在国民经济中的地位持续下降却又能得到优待政策与国家大量的财政投入呢？原因在于农业在日本所具有的与经济地位不相称的政治地位，而这种地位并没有因为农业产值占比下降而相应降低。农业团体之所以能够在日本社会具有充分的话语权，与日本的选举制度具有密切的关系。日本的选举制度在 1994 年选举制度改革前采用的是介于大选区制和小选区制之间的中选区制。也就是在全国划分一定数量的选区，每个选区选出 2～5 名议员的制度。[③] 但是，选举相同议员人数由于选区的不同，选民的数量可能会相差很

① ［日］安场保吉、猪木武德：《日本经济史：高速增长》，生活·读书·新知三联书店 1997 年版，第 115 页。
② ［日］速水佑次郎：《日本农业保护政策探》，中国物价出版社 1993 年版，第 19 页。
③ 中选区制选区的划分和议员的定数也有变化，但基本上是 3～5 人。详见日本参议院选举制度变迁的相关网页，http：//www. tt. rim. or. jp/～ishato/tiri/senkyo/senkyoku. htm.

多。这便是"一票格差"。这样的选举局面与日本的高速城市化有关——人口向大城市集聚。相对来说,农村存在着更有利的选区划分。

由于选区划分的制度保持了下来,所以伴随日本工业化与城市化的高度发展,城市与农村的选票价值的差距不断扩大,到 1972 年已经超过 5∶1。至 1990 年,拥有总人口 40％的大城市,只能选举 1/5 的议员,500 余个议席中有超过半数是代表农村的。[①] 20 世纪 90 年代,英国的《金融时报》就曾评论道,日本的中选区制度为自民党提供了至少 30 个议席的优势。[②] 或者说,如果不是这样的选区划分,而是按照选民数目来划分选区的话,自民党就难以拥有此等优势。

对于执政党来说,"一票格差"意味着农村地区选民的政治力量远远超过农业通过产值而表现出来的经济力量,制定并执行有利于农村地区的政策将对选举具有重要意义。也就是说,日本的选举制度本身就为政治家保护农业人口提供了动力。除了选举制度外,农业利益团体——农协的存在也使得农民的力量可以被更加集中地体现出来。

日本农协的全称是"日本农业协同组合",有时也被称作"JA"。日本农协最早出现在 1900 年,第二次世界大战结束后,按照日本政府 1947 年颁布的《农业协同组合法》重建。[③] 农协是一个农民为了维护和实现其自身的利益,在平等、自愿、互利的基础上结成的合作经济团体。在《农业协同组合法》的指导下,战后几年内,日本各地普遍成立了基层农业协同组合、县级联合会。1956 年,日本政府制定了《农业整备措施法》,从法律上加强了对农协的支持。到 1961 年,日本农协的数量已经扩大到 12050 个,日本 95％以上的农民都是农协的成员。

自民党实施工业优先的经济政策,代表日本大企业利益的"财界"为自民党提供巨额"政治现金",使其有足够的财力去进行选举活动。同时,以农业为代表的生产力落后但是被较好地组织起来的农业部门则为自民党提供了"票田",是自民党保持执政党地位的选票基础。由于农协的存在,日本的农民被很好地组织起来,使原本在经济上并不强势的农业群体成为在政治上强有力的团体。这是农民能够得到较高政治地位、获取政策回报的政治基础。从交易成本政治学的视角看,获得一个组织起来的群体的支持意味着较低的政治交易成

[①] Far Eastern Economic Review, November 21, 1991, p. 68. 转引自张云著《日本的农业保护与东亚地区主义》,天津人民出版社 2011 年版,第 48 页。

[②] Financial Times, July 5, 1993.

[③] 范三国:《国外的农业合作组织——以日本为例》,中国社会出版社 2006 年版,第 2 页。

本、更高的稳定性和更少的投入。农协的"集票能力"决定了其对于选举的重要性。自民党中倾向于农业的议员得到了农协和日本农民的政治回报——农协通常会引导农民把选票投向支持农业的议员以确保这些人能够当选。作为回报，支持农民的议员通过影响农业政策对农业追加大量的财政补贴。通过农协，这些补贴被发放给农民，农协在其中起到了至关重要的作用。

除了财政补贴以外，日本政府在对农产品自由化的抵制上也体现出农协的意志。作为WTO的成员，日本很难完全依靠如进口配额等非关税壁垒来限制国外农产品的进口，主要的方式为间接地保护，比如说足够高的关税率。以大米的进口为例，按照世贸组织最新的统计方法计算，日本的关税率已经接近800％。① 此外，花生、黄油和淀粉等主要农作物的关税率也超过或接近300％。这些都体现了以农协为代表的农业群体的政治影响力。

综上所述，以农协为核心、以兼业农户为主体的利益诱导型选举制度是农业在产值占比不断减小的前提下仍然能够在日本社会拥有较高政治地位的主要原因。具体来看，有以下的几点：

第一，农民选票的价值被抬高。这是政客愿意为农业提供保护的制度方面的动力。以兼业农户为主体的农业群体成为政客极力拉拢的对象，农民的经济利益始终是被重点考虑的。

第二，作为利益集团，农协强大的控制力和影响力为拉动选民的选票提供了组织上的基础。当大环境要求政府制定不利于农民的政策时，农协能够高效地采取应对措施。

通过分析可见，以高级官僚为代表的政府部门（如农林水产省）、执政党和以农协为代表的农业利益集团形成了一个"利益共同体"。这是日本能够维持有利于农户经济利益的政策的根本原因，即使这种政策可能会损害经济产业界的利益，也可能对农业的长远发展不利。

---

① 《朝日新闻》2005年6月9日。

第4章　日本农民收入多元化、农业小规模化
与农村老龄化的辩证关系

日本农业规模的小型化、农民普遍兼业化与农村地区的老龄化、过疏化是日本农业领域面临的主要问题，而看似独立的各个现象之间是存在内在联系的。

4.1　日本农业的经营规模问题

4.1.1　兼业化、低水平均衡与小规模农业

日本土地的禀赋条件是不利于规模化经营的。日本具有较明显的岛国特征，山地与丘陵较多，使得可利用的土地面积相对狭小。日本的耕地占土地总面积的比例也很小，大约只有11％左右，全部农用地也只占约15％。① 相比之下，日本的农业用地占比远小于主要的发达国家。例如，同为岛国的英国，耕地面积占28％，农用地则达到75.4％。就单位面积的人口密度来看，每平方公里日本为约1700人，英国为650人，德国为720人，法国为230人，而美国只有125人。所以，日本的平均耕地面积也要少于这几个国家，日本平均每人只有0.04公顷，而美国为0.95公顷；英国和德国分别为0.12公顷，是日本的3倍。这样的土地禀赋情况使得农业结构调整、扩大农业经营规模对于日本农业非常重要。

与中国相似，日本在历史上也是一个小农经济的国家。前文所述的战后激烈的农地变革使本来规模就很小的日本农业规模变得更加零散，耕地被分割成为极小的碎块，由自耕农耕种。在战后的高速工业化进程中，并没有发生设想中的大规模的农民放弃土地的现象。耕地挪作他用所带来的高补偿使得农民普遍不愿意放弃土地，保留土地避险的心理也使农民不愿出卖土地。如表4-1所

---

① 满颖之：《日本经济地理》，科学出版社1984年版，第192页。

示，伴随经济的高速增长，土地价格急剧上升，农地转向工厂、公路等非农用途以获取高额收益的预期是农民不愿放弃土地的重要主观原因，甚至已经到城里工作很长时间的农民也要保留自己的土地。如此一来，兼业化的影响波及到规模较大的专业农户——由于大量兼业农户选择滞留于农村，专业农户试图扩大经营规模的努力很难收到效果。日本农业结构的变化也远远落后于欧美国家。1960～1990 年的 30 年间，西欧和美国以零散农户为主的农户数量减少了约一半，平均经营面积增加到原来的 2 倍多，约 50％的农业经营户转变为专业经营户。与此不同，尽管日本农户规模更零散，但这一时期仍有 65％左右的农户保留下来，并以普遍兼业的形式存在，户均经营面积也只增长到原来的1.3 倍。这样，农业的产业化发展和生产力的提高就更加困难了。上文中提到的自立农户的比例也在不断缩小。1960 年，即《农业基本法》推出的前一年，自立农户占比为 8.6。而到 1980 年，这一比例下降到 5.2％。虽然这一比例后来略有上升，但也只是维持在 6.5％左右。从具体户均拥有的土地面积看，日本的情况更是严重。1960 年，拥有 0.5 公顷以下土地的小规模农户为 38％。而到 1980 年，这一比例不降反升，达到 41％，拥有 2 公顷以上土地的农户只占 7.4％。即使到 2000 年，拥有 2 公顷以上土地的农户也只占总数的 14％，拥有 5 公顷以上土地的农户只占 2％。相比之下，拥有 5 公顷以上土地的农户，美国占 93.5％，法国占 65％。

表 4—1　　　　　　　**农地价格的变迁：1956～1975 年**

（单位：每 10 公亩千日元）

年份	中等水田地价	中等旱地价格	城市地价指数（1955 年＝100）
1956	147.0	96.2	114
1960	197.7	128.8	280
1965	343	281	768
1970	1,022	914	1,395
1975	2,818	2,653	2,691

注：引自〔日〕安场保吉、猪木武德著《日本经济史：高速增长》，三联书店 1997 年版，第 124 页。原出处：加藤信文监修：《新版农林统计表的查阅及使用方法》，家之光协会 1979 年版，第 101 页。（据全国农业会议所：《关于水旱田买卖价格等的调查结果》）

其他的 OECD 国家在农业现代化的进程中，农户越来越少，从而经营规模越来越大，唯独日本是个特例，一直维持着小规模的零散经营。这种经营模式对日本农业的现代化发展非常不利，因为农业产业化道路与小农经营是不相容的。一个值得注意的问题是，日本农业的小规模经营陷入到一种低水平均衡中。当日本农村的劳动力表现出极度匮乏后（该问题与日本农村的过疏化、高龄化直接相连），日本农业并没有通过土地流转而有效地扩大农业经营规模，反而出现了大量抛荒的现象。这对于一个土地稀缺的国家是极为不正常的。考虑到由于城市化与工业化的迅速发展，大量的耕地转化为城市用地和非农用地，以上所述的大量农地抛荒就显得更加严重了。可以得到的一个启示是，如果农业生产的规模远远小于适度规模的话，即使出现诸如农业劳动力减少等有助于农业结构调整的契机，结构调整也是很难完成的。因为耕种规模小，农业收益低，除了耕地被大量抛荒以外，耕地利用率也大幅下降。1950 年，日本高达 150% 的耕地利用率已经降至 103%。也就是说，日本已经成为一年只一作的国家。一个猜想是，由于农业保护政策和农民兼业导致农业产业化不力，极为零散的小规模经营局面形成后，试图刺激土地流转、促成经营规模扩大的努力很难收到成效。也就是说，像日本这种依靠非经济手段维持的农业生产（主要依靠贸易管制和财政补贴），转而以未来的经济利益刺激而达到生产结构的改良是很困难的，农地改革→扩大规模→增加农户收益→农业自立的路径是不顺畅的。在"平成农地改革"中，所有权与使用权分离的思想是指导性的，可以说已经降低了土地流转的难度。但是，向骨干农户的农地集中并没有取得实质性进展，扩大规模的努力也没有收到预期的成效。日本农业结构动态统计中的数据证明了这一点：在经营面积为 5 公顷以上的阶层中，从下层向上发展而来的农户比例在 1990～1995 年是 45%，但 2000～2005 年这一比例降为 33%。① 一个典型例子是，在山形县山川町，本已扩大规模的农户又缩减回原来的规模，转而向高附加价值化、加工方面发展。按日本农业经济学家田代洋一（2007）的解释，农业规模改善停滞的原因是米价的徘徊不前，甚至是某些年份米价的下跌。所以，维持米价保持上涨是必要的。这样的提议与前文理论模型中体现出的政策困境是一致的——政府扶持农业的核心是缩小农业劳动者与其他产业劳动者的差距，而可供选择的政策工具极为有限，就是提高农产品的相对价格（直接补贴与提高农产品价格的实质是相同的）。但是，这一认识起码存在两点问题与现实情况相冲突。

　　第一，日本的米价已经远远高于均衡价格。在开放的层面上，该均衡价格是以国际市场的价格为标准的。日本的稻米已经需要高达 800% 的关税水平来保护，而且还有相当的部分无法做到关税化。在日本国内，一个共识是不能依靠更大程度提升已经过高的稻米价格来刺激结构调整和粮食生产，主

①　［日］田代洋一：《日本的形象与农业》，中国农业出版社 2010 年版，第 87 页。

要原因并不是财政负担或公众的食品支出问题，而是融入 FTA/EPA 体制和避免贸易摩擦的必要。

第二，在耕种规模过小的初始条件下，即使是提高稻米价格也无法阻止农地被抛荒或挪作他用。在高度的工业化和城市化背景下，低效益的小规模农业很难生存。针对耕种者的补贴往往会归于土地的所有者，因为在发放补贴时很难对接受者作出区分。可以推测，即使能够作出区分，将补贴准确地发放给耕种者而不是土地所有者，补贴的很大一部分也会很快以地租化的形式再度回流到土地所有者手中。

4.1.2 阻碍日本农业经营规模化的因素：土地流转不力与转用风险

4.1.2.1 土地流转不力与转用风险

日本的农业结构亟待改善，规模必须扩大。但是，平成农地改革依然困难重重。问题是，阻碍结构调整的障碍到底是什么？是农地制度还是制度以外的因素（诸如收入差距、粮食价格等）？平成农地改革的核心思想是所有权与使用权可以分离，并承认农业法人的存在，而且股份制公司农地取得论调一直占据着主要地位。从制度变化的角度看，限制农地流转的客观因素在消除。但是，日本的农地流转是不力的，这一点从上文所述的农户规模变化的相关数据中可以得出。如果考虑制度以外的因素的话，应该从出租（卖）方和承租（买）方两者关于流转的看法和做法入手。从出租者看，由于当今日本从事农业的劳动者已呈现高龄化的态势（具体见表 4－2），日本户均家庭成员数1960 年为 5.68 人，1985 年为 4.56 人，2000 年降为 4.31 人；农业从业者人数 1960 年为 1454.2 万人，1985 年为 542.8 万人，2000 年则进一步降为389.1 万人。在日本农村家庭与人口数量变化的同时，农村人口的年龄结构也在变迁中。从日本农村人口的年龄构成看，65 岁以上的比率，1990 年已高达20.6，高出同年全国平均 12％的水平。到 1995 年，农村 65 岁以上高龄人口的比率进一步增加到 24.7％。在专门从事水稻生产的农户中，65 岁以上的老人占骨干农业劳动力的 50％以上。①

---

① 〔日〕丸田定子：《日本农业劳动力结构的变迁与农村老龄化问题》，引自焦必方编《日本的农业、农民和农村：战后日本农业的发展与问题》，上海财经大学出版社 1997 年版，第 118 页。

表 4-2　　　　　　　日本过疏化地区人口的年龄结构变化　　　　　　（单位:%）

	过疏化地区										全国
	1960	1965	1970	1975	1980	1985	1990	1995	2000	2005	2005
65 岁以上	6.9	8.4	10.5	12.7	14.7	16.9	20.5	25.0	27.1	30.2	20.1
15~64 岁	57.3	60.4	63.4	64.8	64.7	63.7	61.9	59.3	58.9	57.1	65.8
其中: 15~29 岁			20.5	19.8	18.0	15.9	14.7	14.5	14.4	13.0	17.4
0~14 岁	35.8	31.2	26.0	22.5	20.5	19.4	17.6	15.6	14.0	12.6	13.7

注: 转引自焦必方、孙彬彬《日本现代农村建设研究》, 复旦大学出版社 2009 年版。

原资料来源: 日本总务省自治行政局过疏对策室 2005 年度、2006 年度《过疏对策的现状》（概要版）, 以及过疏地区活性化对策研究会编《过疏对策的现状》, 丸井公文社 1998 年版。

　　日本农村的高龄耕种者不完全从经济意义的角度去看待务农, 而在很大程度上是将农业作为退休后的闲暇乐趣。[①] 这种心态限制了土地所有者将土地出租的行为。此外, 一种解释是战后激烈的农地变革使土地所有者的心理有一种不安全感, 担心土地租出难以收回。从承租者的角度考虑, 承租土地、扩大生产规模是否有利可图? 同样, 由于农村的高龄化, 很多农村的劳动力已经没有能力去扩大生产规模, 不但没有扩大生产规模的意愿, 放弃耕种、抛荒的现象反而越发严重。所以, 农业经营主体再次成为重要问题。使一个成年劳动力愿意成为专职农业生产者的必要条件是: 来自于务农的收入要与城市其他行业的收入相当。但是, 对于经济高度发达的日本来说, 这是一个苛刻的条件。随着工业及服务业的高速发展, 报酬递增、技术变迁和协同效应将逐步显现, 而这对工资率的提升具有很大的促进作用。事实上, 战后日本工农间的收入差距确实伴随着经济的发展与产业结构的升级而拉大。酒井富夫（1997）将 1960~1995 年的农业收入、5~29 人的制造业企业收入与 500 人以上规模的制造业企业的收入做了比较, 从中发现, 在进入 20 世纪 70 年代后, 农业收入落后于制造业收入水平的程度不断扩大, 而且小规模的制造业企业与规模较大的企业的收入水平差距也在不断扩大。这表明, 制造业中的规模报酬递增、协同效应等因素对工资率起到了正面的作用。而这一切特征在农业生产中是缺乏的, 尤其是在小农生产模式下。由于工农的收入差距不断扩大, "自立农场"的规模要求也越来越高: 1960 年农民耕种 2.3 公顷水稻就可以达到城市劳动者的平均收入标准, 到 1970 年则需耕种 3.5 公顷, 而到 1985 年——日本的工

---

① 焦必方、孙彬彬:《日本现代农村建设研究》, 复旦大学出版社 2009 年版, 第 78 页。

业化已全面完成、经济高增长即将结束时，则至少需要耕种 6 公顷水稻才能达到以上的收入标准，而且这还是在高度农产品价格支持的前提下（速水佑次郎，1993，中译本）。从后来的发展看，日本农地流转根本无法达到这样的速度，即不能满足上述收入均等化的必要条件，所以出现了土地即使被抛荒也无人耕种的局面。除了个体农户以外，在平成农地改革中，股份公司也可以获得农地的论调占据着重要的地位。而提出股份公司加入农业生产的则是经济产业界。在经济产业界的压力下，而且在预测到乌拉圭回合中大米进口的自由化（指的是部分关税化）将难以避免的前提下，农林水产省于 20 世纪 90 年代初推出了新政策。该政策认为，微观的农业经营体的培育在农业结构改革中非常重要，从而促进农业经营法人化的想法产生，并于 2000 年承认股份公司作为农业生产法人的合法性。必须强调的是，允许股份公司取得土地、参与农业生产已经与《农业基本法》中关于"农地由耕种者自身拥有最恰当"的论述不相符合。所以，农林水产省的新政可以看做是对以经济团体联合会为代表的经济界的一次妥协。

从 20 世纪 90 年代始，农林水产省向来自农业之外获取农地的要求一再妥协。[①] 除了承认股份公司的农业生产法人形态以外，农业生产法人的事业必要条件也被放宽了：只要农业及其相关联产业的销售额占一半以上就可以（第一种兼业的法人化），即承认了在一定程度上将农地挪作他用的合理性。这是《食品·农业·农村基本法》（新基本法）中的规定。另一个与此相"匹配"的规定是，业务执行董事的条件也放宽为每年从事农业劳动 60 天以上者占1/4以上便可以。这些条件放宽的要求来自于经济团体联合会（以下简称"经团联"）。经团联等经济产业界的代表为了其在海外的经济利益，通过对大米进口的自由化趋势、农地耕作者主义的重新认识，致力于推进股份公司有权取得农地。

而将农地完全限制于农业范畴使用被经济产业界认为是农地流转不力的主要原因之一。但是，经济界力主的放宽农地使用范畴、减少使用者的限制等也受到来自农林水产省等农业利益代表者的约束。一个典型的表现是，伴随"股份制农地取得论"而来的是农用地转用管制严格化的永久农地区划论。该理论认为，如果能够设立禁止转用的永久农地区，那么在此区域内允许股份公司获得农地是可以的。比较代表经济界利益的经团联与代表农业利益的农林水产省关于农地获得的观点和立场可以发现，农林水产省实质是在坚持农地的不可转

---

① ［日］田代洋一：《日本的形象与农业》，中国农业出版社 2010 年版，第 55 页。

用（这是保证一定产量的前提，而产量是农林水产省获得财政支出、维持本部门地位的重要物质基础）。与之相反，经济界则力求放宽这一限制，无论是从对农地经营的范畴还是对从业者的要求上来看都是如此。

4.1.2.2　农地转用风险的来源：农业的低收益

坚持农地的不可转用、保证一定的农产品产量对农林水产省是有利的，问题是农地会被转为他用的可能性为何会很大，以至于农林水产省等单位对谋求从农业方面放宽土地利用限制会这样抵制。原因可以从日本的发展阶段和农业发展现状不相匹配的层面去寻找。战后日本的产业结构提升速度极快，只用了十几年时间便完成了从以纺织工业为核心的产业结构到以新兴重化工业为核心的产业结构转变，比较优势从纺织类产品转向钢铁的重工业产品。进入 20 世纪 70 年代，产业结构又迅速由重化工业转向技术集约化，比较优势向汽车、半导体等产品转移。20 世纪 80 年代以后，日本的产业结构由技术集约化开始转向信息化，表现在金融、通讯、流通领域的强大。① 产业结构变迁的必然结果是产业回报率的上升，表现为利润率、工资率的上涨。在这样的条件下，如果农业没有相应成长起来的话，即没有实现规模化、产业化生产的话，其效率（回报率）将远远小于其他产业。那么，在农地使用限制放宽的条件下，土地则倾向于被投入到回报率更高的领域中去。大量抛荒地的出现也说明，除了获取政府的转作补贴之外，小规模土地在农业领域能够产生的经济价值已经不多。

如果将该问题放置在前文的理论框架中进行分析的话则会发现，随着日本经济的发展，不等式左边（PQ2/Q1）是快速增大的。具体来看，1960 年日本的农业产值占国内生产总值的 9%，1970 年则迅速降至 4.2%，1985 年降至 2.3%。而到 1999 年（新基本法于该年推出），农业产值占比已降至 1% 的水平。所以，收入差距缩小的条件是更加不易满足的。而行业收入差距和产业回报差异是正相关联的，即产业回报的差异一直存在甚至是在不断扩大的。回报的差异限制农业规模扩大的速度，因为差异导致资本和劳动力投入到农业领域的动力不足。资本方面的不足可以从农业法人追求农地经营范畴的扩大中看出（事实上，农业法人更加愿意将生产延展至收益更高的加工等行业），而农业领域劳动力的缺乏则直接体现在农村地区的过疏化和高龄化。反过来，结构改善、规模扩大的滞后也限制了资本与劳动向农业领域的投入。或者说，日本农业相对与其他产业的低发展水平已经限制了自身吸取资源、要素的能力。日

---

① 徐平：《苦涩的日本：从赶超时代到后赶超时代》，北京大学出版社 2012 年版，第 173～174 页。

本农业由于产业化不力，并没有为自身的规模化创造适合生长的条件。

无论是在 1961 年推出的《农业基本法》还是于 1999 年推出的《食品·农业·农村基本法》（新基本法），都将结构调整（扩大农业规模）作为政策重点。但是，由于面临的内外部环境已有很大改变，所以在具体目标上也有很大不同。在《农业基本法》制定时，提出在农业就业人口为 1000 万人、农户数量为 500 万户、农业用地总面积为 600 万公顷时，将实现拥有平均经营面积为 2 公顷的专业自立经营农户 250 万户（每户少于 3 人）、平均经营面积 40 公亩的兼业农户 250 万户（从事农业劳动的只有 1 人）的结构调整目标。[①] 此处所指的自立农户是以家庭为生产单位，并以农业收入为基本的收入来源。相比之下，新基本法推出的环境已有很大不同：1999 年日本有农业就业人口 390 万人，农户总数 385 万户，农业用地的总面积为 523 万公顷。新农政构想在 10 年后培育出 15 万个拥有 10～20 公顷耕地的农业经营主体。此外，还有集落营农的模式（2 万个在一到数个集落范围的组织经营体）。与《农业基本法》时期的自立营农相比，新基本法的目标更偏重于培育数量更小而经营规模更大的农业经营主体。将 1999 年与 1960 年的农业人口数量、耕地总面积等方面的情况相比，条件似乎在向着"有利于"农业结构调整的方向转化。但是，根据理论模型中收入差距缩小条件的不等式，虽然不等式右面项在增大（源于农业人口比例的减小），但是由于经济的发展，左边项也在迅速增大。所以，从产业收入水平的视角去看，条件不一定是在向着有利于农业的方面转化。

从另一个视角看，新、旧基本法中结构调整的目标——对其目标规模的界定其实是农业收入均等于其他产业平均收入的限制条件，这也是在开放条件下能够维持农业持续发展的必要条件。日本自立农户的规模从 2 公顷增加到超过 10 公顷，而且还是在农户的家庭规模不断变小的前提下。可见，就农业生产规模而言，使农业收入水平达到其他行业平均收入水平的条件变得严格了很多，从而也就更不易于达到了。必须强调的是，理论模型中的不等式左边，即 $PQ2/Q1$ 是可以代表一个国家或地区的发展程度的。当一国或地区处于高速的经济增长阶段时，该项（$PQ2/Q1$）的值是迅速变大的（日本在战后经历了长时期的高速发展，从 1960 年起，在不到 40 年的时间里，该值由约为 10 增加到超过 100，且是在大幅度低估 P 的前提下）。这使得满足差距缩小的条件难以成立，即使能够成立也会降低差距缩小的速度。左式随着经济社会的发展迅速增大。这便要求不等式右边也要相应增大才能够使不等式能够成立。抛开其

---

① ［日］晖峻众三：《日本农业 150 年》，中国农业大学出版社 2011 年版，第 193 页。

他因素不变的话，农业劳动力占总劳动力的比例应该相应减小足够的程度。从日本后来的情况看，农业劳动力的数量从 1000 万人降低至近 400 万人并不足以使工农收入差距逐渐收敛。[①] 保证工农收入差距能够持续缩小是维持专业农户的生产及存在的前提，也是保证农业规模能够得到扩大的基础动力。可以推测，当离农不能使存在的农村劳动力通过扩大经营规模的方式使收入水平向其他产业的平均收入水平接近的前提下，留存下来的农村家庭将不可避免地走向兼业化的道路。而一旦兼业化成为普遍的情况，那么兼业化本身就会抑制土地的流转、农业结构的改善。

4.2　日本农村的老龄化与劳动力缺乏问题

4.2.1　日本农村老龄化的概况

从日本农村人口的年龄构成上看，65 岁以上人口的比率，1990 年已经达到 21％，远高于同年全国平均 12％的水平。而到 1995 年，农村地区 65 岁以上高龄人口比率进一步增加到 25.7％。也就是说，平均每 4 个人中就有一位是 65 岁以上的老人。特别是在单一从事水稻生产的农户中，65 岁以上的老人占骨干农业劳动力的 50％以上。[②] 到 2010 年，日本的总人口为 12815 万人，销售农户的总人数为 698 万人，其中 65 岁以上的老龄人口为 238 万人，占总人数的 34％。[③] 日本农业人口老龄化的趋势将会持续。根据农林水产省的推算，2035 年山地农业地区的人口将会减少，为 2005 年的 70％；而山地农业地区的老龄化率将会提高，为 2005 年的 40％。农村地区的"生产年龄人口"不断减少，为 2005 年的 67.9％。当然，日本的老龄化是整个社会的问题，并不局限于农村。通过国际比较看，日本人口老龄化的速度非常之快，从 7％到 14％只用了 24 年，而美国为 70 年，英国为 47 年，瑞典为 85 年。据日本大学人口研究所推算，到 2025 年，日本的高龄化率将达到 27.5％。

在日本人口高度老龄化的大前提下，农村的情况还要远比城市严重。农村人口的高龄化会对日本农业造成如下不利的影响：

---

① 这里的收入差距指工、农收入差距，其中农业收入并不包括兼业农户得自于非农产业的收入。

② 《朝日年鉴》1996 年度，第 290 页。转引自王振锁《日本农村高龄化问题及其对策》，载于《日本的农业、农民和农村：战后日本农业的发展与问题》，上海财经大学出版社 1997 年版，第 125 页。

③ ［日］牛山静二：《日本农业与农村的现状及危机》，《中国农史》2012 年第 1 期，第 83 页。

第一，导致弃耕现象更加严重。因为人口减少、高龄化、经济衰退导致农村地区的获利降低，大量的农地被抛荒。日本全国农业会议所曾于 2002 年进行过一次针对农地弃耕问题的调研。结果显示，导致农地被抛荒的原因很多，如高龄化和劳动力不足、农产品价格偏低、很少有人愿意转让或接受农地转让等。其中，认为高龄化和劳动力不足是导致日本农地弃耕的人最多，达到88％，主要原因是青壮年劳动力锐减，而曾经长期作为农业生产主力军的老年农民，即被称作"昭和一位数年代出生者"纷纷退出农业生产也使弃耕情况加剧。由于高龄化，部分农村家庭从开始时的放弃部分农业生产，逐渐演变为完全退出农业生产。虽然有部分高龄农户主观上乐于继续从事农业劳动，但限于自身能力，这些高龄农户往往把务农作为退休后的闲暇兴趣。这就不是从经济目的去考虑的。正如前文所提到的，农村地区更多地被赋予的是生活上的意义，而较少生产上的意义。很明显的一点是，随着高龄化在日本农村日益严重，农地弃耕的情况也会愈发严重。

第二，限制日本农村土地的规模化集中利用。日本早已认识到，农村土地的规模化集中经营是本国农业发展的重要途径。但是具体来看，经营性农户户均耕地面积从 1985 年到 2000 年只由 1.63 公顷增加到 1.67 公顷。这样的结构调整速度表明日本扩大耕地面积。实施规模化集中的进展很缓慢。在进展不力的背后，高龄化是重要的制约因素。因为越是高龄农户，其中的非经营性农户就越多。日本政府原本希望通过农地的所有权转让来扩大土地利用型农业的经营规模。然而，以种植水稻为主的土地利用型农业为农户兼业经营提供了便利，加之农地价格的不断上涨，使得农耕地规模化集中经营的趋势进一步减缓。老年农户通常作为业余爱好来经营农业，或把土地当做资产来拥有，加之土地利用型农业的落后和土地流动性相对不大，以致经营规模的扩大也就更为有限。

第三，影响日本农业、农村的可持续发展。日本农业劳动力的年龄结构不合理，高龄化与过疏化的市町村主要处于农村（含山村、渔村）地区。如果能够发挥此类地区在涵养水源、保护环境方面的功能，将对日本整个国土的保护以及人民生活质量的提高产生重要的影响。据农林水产省的调查显示，日本近些年来随着工业化和城市化的进行，农村地区存在的工业废弃物胡乱丢弃等问题愈发严重，并存在道路、水渠废弃等问题。这些问题与高龄化、过疏化有着直接的关联。高龄化、过疏化导致农业经营条件恶化，这一方面的条件恶化又反过来加剧了高龄化和过疏化。

4.2.2　日本农村老龄化的成因分析

从日本农业劳动力的年龄结构及其变化趋势上来看，高龄化的状态已经形成并逐渐严峻。农村地区高龄化的背后是缺乏足够的青壮年劳动力从事农业。那么，一个问题便亟待解答：为什么在这个世界上农产品价格最为昂贵的国家里，却没有青壮年劳动力愿意从事农业生产呢？在日本农业现有的生产状态下，青壮年劳动力是不可能通过农业劳动而获得与其他产业劳动者相同或相近的收入的。或者更深入地探讨，横向去比较，在工业和服务业都极度发达的日本，是否已经难以容纳相比之下资质很差的农业的存在？日本是非常发达的后工业化时代的国家，其制造业拥有极高的效率，在制造业的带动下，服务业的发展也达到了很高的水平，第二产业、第三产业的快速发展和以城市为中心的经济高速增长，在进一步扩大雇佣劳动力市场的同时，也使日本成为世界上人均收入最高的国家之一。战后，日本进入经济的高速增长期，日本制造业工人的平均小时工资迅速增长。1959 年，日本的平均工资还只有美国的 1/10、英国的 1/4、德国（西德）的 2/5，而且大企业和小企业之间存在着很大的工资差距。不过，此后日本与这些发达国家之间的工资差距逐渐缩小，到 1969 年超过了法国和意大利，相当于美国的 1/4、英国的 3/5。在高速增长暂告一段落的 1973 年（部分原因是由于石油危机），日本的平均工资水平已经超过英国，达到美国的 1/2。进入 21 世纪的 2000 年，日本的人均国民总收入（GNI）为 35620 美元。从数字上看，不仅远超 24000～25000 美元的英、法、德等国，甚至超过美国的 34100 美元。[①] 从日本工资率的变化来看，不难判断出日本第二产业、第三产业的高效性。[②] 相比之下，日本农业的发展则逊色许多。从农业产值在经济中所占的比例来看，农业产值占比从 1960 年的 9% 持续下跌到 1999 年的 1.1%。当然，在一国经济的高速发展中，农业产值占比下降属于正常范畴内。但是，这也要求农业结构的调整要相应进行。通过横向的国际比较可以发现，日本的农业结构调整并不成功。1955～1965 年的 10 年间，日本农户数从 604 万下降到 567 万，只减少了 6%；而法国的农户数在 1955～1963 年间下降了 17%，西德农户数在 1949～1969 年减少了 17%，美国农户数仅在 1959～1964 年的 5 年间就下降了 19%。与其他发达国家相比，日本农业结构

---

① 　［日］晖峻众三：《日本农业 150 年》，中国农业大学出版社 2011 年版，第 193 页。
② 　如果产业的构成没有表现出规模经济、协同效应、学习效应等高效率的特征，则不会有实际工资率的持续上涨。所以，从日本的高工资率可以反推日本产业的高效率。可参见埃里克·S·赖纳特著《富国为什么富，穷国为什么穷》（中译本），中国人民大学出版社 2013 年版。

的调整速度迟缓，农户数减少不足意味着耕种规模无法有效扩大。虽然耕作的农户总数下降不足，但是农业劳动力中的青壮年劳动力却大量流出。这也是后来日本农业生产者高龄化的直接原因。青壮年劳动力流出的动力来自于工农的工资率差距。将农外就业收入与农业收入进行比较，随着 20 世纪 70 年代初开始的粮食危机所造成的农产品价格的上升，农业收入相对于 20 世纪 60 年代有所反弹，出现了一定程度的上涨，但从 20 世纪 70 年代中期开始，农户的收入水平又有了明显的下降。到 20 世纪 80 年代，农业的小时收入已经不到制造业职工工资收入的 30%。考虑到农业劳动还存在着季节性，从而农业的收入就更少了。回到理论模型中去，模型中预测，一个可能的情况是随着农业劳动力的流出，工农的收入差距甚至可能增大，酒井富夫（1999）的研究也证实日本正属于这样的情况。其他产业的强势将农业劳动力吸收殆尽，而剩下的高龄农户和妇女则在保护政策下抑制着农业结构的改善。

在日本当前的农业劳动者构成情况下，依靠农户自身的力量来扩大农业生产已显然不可能收到效果。由于日本农业从业者的高龄化严重（2005 年主要农业从业者中 75 岁以上人员达到峰值）、弃耕增多、鸟兽害加重等原因，如前文所提到的，作为生活方式的村落恐怕难以维持下去。而且 FTA/EPA 谈判及稻米价格维护等问题使得单个农户的生产也成为问题。在自耕农体系的坚持和农业生产法人制（主要指股份制公司的农地取得制）的争辩中，村落营农作为一种二者折中的方式而出现。

村落营农的培育是当前日本地域农业政策的核心问题之一。所谓"村落营农"，农林水产省统计上的定义是指以村落为单位，在关于农业生产的部分或者全部实行共同化、统一化方面达成一致前提下实施的农业经营。其实，"村落营农"就是以一定的地域为基础的合作组织。日本的单个农户在当前的农业环境下很难维持，在农村难以找到能够代代继承农业生产的所谓骨干农户。那些不愿意将自家农耕地和农业生产全部放弃，又无力承担全部生产的农户（从一定程度上说，就是这些人阻碍着农业结构调整）只能与其他农户联合起来，互助生产。这便是"村落营农"的初衷。日本的农田作业基本上是比较分散的，而以村落为单位却是集中的。应该说，农田的连片集中为规模化奠定了基础。但是，"村落营农"的最终目的仍然是保护农村的定居条件。比如说，如果村落中的水田长满杂草的话，那就会使村子变得无法居住。所以，必须保护水田，维护家乡的定居条件。所以说，"村落营农"并不是以追求效率和收益为目的的营农形式。该形式更加强调的是农业的多功能性，也就是依附于农业生产的其他功能。"村落营农"的意义也主要在于此，即农村居住条件的维持、老年劳动者和妇女能力的发挥、都市与农村的交流等。甚至这些功能才是"村落营农"的主要功能,而只是借助于农业生产而已。从从业人员看,从事农业生产的仍是那些人,只不过是以联合生产的形式进行。这种形式下的农业生产仍是生活层面上的农业生产。

另一种解决老龄化、小规模化的生产方式是农业生产法人制。由于在开放的层面上农业必须要求高度的国境保护,而这种保护损害了经济产业界在海外的利益。在经济界的压力下,农林水产省开始出台新的政策。

4.3　日本农村过疏化与规模化不力并存的矛盾

关于日本农业生产规模问题的一个困惑是,日本农村逐渐加剧的过疏化(在日本,农村地区的高龄化和过疏化的本质是相同的)并没有使农业规模得到有效扩大,反而带来了农地弃耕等现象。

4.3.1　过疏化与规模化不力的逻辑矛盾

日本农村地区的过疏化是指随着在农村生活的人员的减少,部分农村地区的人口过于稀少。过疏化现象是日本经济高速发展过程中地区间社会经济发展不平衡的一种表现,此现象在人口分布上反映较为突出。自 1960 年后,日本经济高速增长,以农村(含山村、渔村)人口为主体的地方,其人口迅速被城市特别是大城市吸收。例如,以东京、大阪、名古屋为代表的三大都市圈就集中了日本相当多的人口。伴随人口向大都市圈的流动,日本农村人口显著减少。对比 1960 年及 1965 年的国家人口调查资料可发现,除冲绳县以外的 46 个都道府县中人口减少的县有 25 个,当时 3375 个市町村(不含特别区)中人口减少的县有 2547 个。[①] 20 世纪 80 年代及 90 年代过疏化市町村长期维持在 1100 余个,占日本全国市町村总数的比例约为 36%,总体上呈上升态势。日本农村地区的过疏化对农村和农业经济的影响主要体现在以下几个方面:

第一,加剧了农村社会的高龄化。

第二,导致大量农地弃耕。

第三,影响农村土地的规模化集中利用。

第四,影响粮食自给安全及农业可持续发展。

将农业经营规模扩大不力与农村地区过疏化这两个问题放在一起思考会发现,这两个问题(或现象)是存在着矛盾的:当农村地区人口越来越少(当

---

① 焦必方、孙彬彬:《日本现代农村建设研究》,复旦大学出版社 2009 年版,第 78 页。

然，土地的面积是可以认为不变化的），为什么农业经营规模还是无法有效扩大呢？既然农村地区已经普遍过疏化了，为什么农业生产主体的规模仍然过小呢？如果与欧美国家进行横向比较，这一矛盾显得更为突出。美国的家庭农场（即以一个家庭为生产单位）通常拥有 1000 亩左右的土地，在美国反而不存在日本农村所谓的过疏化问题。而单就劳均土地拥有量来看，日本农村人均仅为 1.7 公顷，只及美国的 0.7%、英国的 4.7%、法国的 7.4%。① （拉坦等，2000，中译本）。所以，就农业地区单位面积上的人口数量来说，日本是要远高于欧美等国家的。这样的比较使我们认识到，有必要重新定性日本农村地区的过疏化。日本农村地区的过疏化是生活层面意义上的，而不是生产层面意义上的。换句话说，日本农村被更多地赋予了生活空间上的意义，而不是生产场所的功能。既然日本农村生产场所的功能不够，那么农村地区、农业领域无法吸引足够的青壮年劳动者也就不足为怪了。很显然，这个问题的另一面是日本农村的老龄化问题。

通过以上对日本农村过疏化问题与规模化问题的比较分析可以发现，过疏化问题的实质仍然是战后日本农业结构调整的不力。由于结构调整不力（无法达到适度的规模），使得日本农村无法有效地组织生产（即很难使生产者通过从事农业生产获得足够的收入）。这必然导致农村劳动力流失。问题是，在农村劳动力流出的过程中，农业结构调整仍然无法顺利进行，生产规模仍旧无法有效扩大。

4.3.2 农业结构调整不力与农地抛荒、转用问题

农地利用的无序化对本已危机重重的日本农业来说是非常严重的基础性问题。这里所指的无序化的集中体现是日本农村普遍存在的农地抛荒现象。据相关资料，弃耕地总面积的 50% 是由持有农地的非农户所掌握的，即拥有农地而自身并不从事农业生产的农户，在日本有 120 万户这样的农户。② 在日本，农地总面积的 1/6 是由非农户所有的。拥有土地的非农户大多数是农民子弟。他们继承了土地，但是本人已经从农业工作中抽离，也可能已经离开了农村。这些人通常被称作"不在地主"。这种类型的农地所有者很容易会放弃耕作。可以说，"不在地主"的抛荒是日本农地资源浪费的重要原因。对此类行为，日本农业经济学家神门善久（2013）认为，日本村落职能在 1990 年之后便逐步瓦解，无法再管理各个农户的事务，不能采取让离开农村的人转卖其农地，

---

① 拉坦、速水佑次郎：《农业发展的国际分析》，中国社会科学出版社 2000 年版，第 85 页。
② ［日］神门善久：《日本现代农业新论》，文汇出版社 2013 年版，第 57 页。

或是把耕地租给比较有能力的农户等有效防止弃耕的形式，其结果是农户随意处置土地，使弃耕面积不断扩大，从而限制了整个地区农业的发展。除了放弃耕作，也有许多不在乡农户把土地使用到其他的用途中。如果在一块适合耕种的农业地带，持有农地的农户在自家的农地范围内建筑了一所规模较大的住宅，那么这一块农地的转用便可能对当地整个农业带的耕作带来负面影响，最为常见的是会对周边农耕地的灌溉水路产生影响。此外，晚上住宅内的照明也会对农作物的生长产生不利的影响。一块农地的转用会对周边土地的耕种带来不利影响，恶化附近的耕作条件。这表明，农地转用可能会使弃耕农地的情况更加严重。

无论是单纯的弃耕还是农耕地的转用，实质上都是对农业生产的放弃。而弃耕的原因正如神门善久（2013）所说的，是日本村落职能的瓦解，导致不能促使农地出租或出售吗（弃耕的可能原因请参见表 4—3）？一个疑问是，对于不在乡农户来说，出租自己的土地必然会使自己的收益增加，难道这种行为还需要在村落职能的监督与强迫下促成吗？更合理的解释是，一般的不在乡农户所拥有的土地都是小块农地（与在乡耕种农户所面临的情况相类似），即使对外出租所能获得的经济收益也不是很大，或者说出租农地的收入已经小到使不在乡农户不愿为出租事宜耗费精力。当然，担心出租农地在后来可能会引发所有权问题也是一个方面（正如前文所述，这也是占领期内激进农地改革对后来土地流转产生的负面影响之一）。反过来，出租收益低则意味着现有的耕作者并不愿意为出租土地付出较高的价格。这也从侧面证实了从事农业生产在经济上的收益是不大的，即单户的、非集中式的扩大农业规模的效果是有限的，原因则是平均经营规模距适度规模差距过大。耕地流失问题的另一面是土地所有者对农业生产的放弃。对于处在平原、适合从事农业的地区，只要正常进行农业生产就会增加一个家庭的净收益。而且可以认为，即使是小农家庭，其决策也是理性的，生产活动也是具有经济效益的。[①] 但是，作为小农家庭，其理性的决策，也就是使其收益最大化的要素的分配方式却不只是限于农业领域内考量的。在自身要素资源有限的情况下，土地拥有者会权衡来自于农业和其他产业的收益，并在对各个产业就业的取舍中达到净收益的最大化。由于日本的农业生产规模小，所以几乎不可能完全依靠从事农业而达到与城市劳动者相同的收入水平。所以，即使在土地流转完全自由的假设下，农户可以选择的生产规模也是在估量总收益最大化的限制条件下进行的。那么，可供选择的方式中就

---

① 西奥多·W·舒尔茨：《改造传统农业》（中译本），商务印书馆 2003 年版，第 33 页。

包括放弃耕种，把有限的精力都投入到非农产业中去。这在兼业农户占农户总数 85％的日本农村是很可能出现的情况。而对于仍然在从事农业生产的兼业农户来说，在考虑是否扩大生产规模的时候，权衡由于改变"职业结构"而带来的总收益上的变化是很必然的。如果这种变化是负方向的，那么兼业农户就不会选择更多地租用土地以寻求扩大生产规模。在日本农村，一个值得注意的现象是，大多数专业农户的农业收入是少于兼业农户得自于农业的收入的。原因是，日本专业农户的劳动力构成以老年人为主，即所谓的"爷爷、奶奶农业群体"。这些群体成为专业农户的主要原因并不是其生产规模明显大于兼业农户或是生产的正规程度、现代化程度要更高，而是这些存在明显老龄化问题的农户没有余力再去进行兼业并获取收入。所以，即使是专业农户，由于能力所限，扩大生产规模的内在动力也是不够的。除了土地被弃耕，农地转用也是影响农业正常发展的重要因素。在现代社会，把一定数量的农地转用到住宅建设用地与工商业设施用地也是必要的。问题是，一些土地所有者的转用行为为周边的农业与整个地区的经济活动带来了不利的影响。此外，农地的弃耕和转用在日本呈现出不可控的扩大局面，而且并不只在不适合农业耕作的地方发生。2005 年进行的"农业统计调查"①的结果显示，即使在耕作条件相对较好的平原农业地区，也至少有 6％的农地被转用或弃耕。如前所述，日本农村弃耕比率扩大的速度非常快，2000 年的平原优良农业地带的弃耕率还只有 3％，5年以后却增加了一倍。可以说，日本有限的耕地正在加速流失。即使是在日本这样土地资源缺乏的国家，由于没有赋予农村地区足够的生产层面上的意义，所以并没有对农业区域、住宅区域、商业区域和工业区域进行有效的划分。这也导致了农地维护不利局面的加剧。

虽然农地转用和抛荒都是对农业的放弃，但是两者的起因与影响却有所不同。与弃耕地不同，被转为他用的农地几乎都是适合耕种的土地。由于日本属于多山国家，所以相对稀缺的平原地带不仅适合于耕种，也适合于其他经济活动。一般来说，建设商业设施与住宅时都比较偏好于选择平坦、排水条件较好、毗邻道路的土地。但是，具备这些特点的土地往往也适合发展农业。也就是说，土地的转用对农业生产来说具有更强的竞争性。由于日本的农业早已全部实现了机械化，所以为了便于农用机械的进入，与道路相连是重要的。而且为了便于农作物的运输，交通也是重要的。如果从经济发展与效率的观点来看待，在城市化的进程中是应该允许农地转用的。但是，考虑到农业发展的问

---

① 该项调查是为了了解农业生产结构与农村、山村等现状而每隔 5 年进行一次。

题，无序的转用应该被避免。有必要思考农地转用的本质。在日本，转用的农地往往被用于建设购物中心和制造业企业，其实质是城市体系的延伸。随着经济的发展、经济活动的活跃，企业倾向于建立新的工厂或销售地点（销售地点的综合体便是购物中心）。建立新的企业的动因来自于两个方面：

第一，为了减少将工业品运往农业区腹地的成本。

第二，扩大产能，但同时希望规避城市中心高昂的土地价格。

在克鲁格曼（1999）对城市形成解释的模型中，选择了重点考虑第一个动因，而回避了第二个动因。①

表 4-3　　　　　日本不同类型地区农地弃耕的表面原因

	农地弃耕的原因		
	第一	第二	第三
都市农业地区	高龄化和过疏化	本地区没有愿意接受农地的人	因遗产继承导致土地分散化
山区、半山区农业地区	高龄化和过疏化	生产率低（包含鸟、兽侵害等原因）	本地区没有愿意接受农地的人
平地农业地区	高龄化和过疏化	因未实施农田基本建设，土地条件差	本地区没有愿意接受农地的人

资料来源：日本农林水产省《促进弃耕地对策实施的辅导手册》。

---

①　参见藤田昌久、克鲁格曼、维纳布尔斯著《空间经济学：城市、区域与国际贸易》（中译本），中国人民大学出版社 2005 年版，第 147～150 页。

第5章 日本高速工业化进程推动的
农民利益增长与农业衰退

　　日本农业的基本自然条件与中国相近，相对人口数量而言土地资源稀缺，而且战后也经历了类似的农地制度改革，使平均生产规模更小且分布更为零散。可以说，中日农业发展的条件很相似。[①] 更为重要的是，如同中国正在经历的，日本也曾经在高速的工业化进程中面临并努力解决农业与农民问题。20世纪五六十年代，日本经历了高速的工业化，其结果之一便是农民的普遍兼业。收入来源的多元化使日本农民的人均收入与消费水平在20世纪70年代中期已经赶上甚至超过了城市居民。但是，农业自身的问题却依然严峻。日本的农业生产虽然早已实现现代化，却仍存在平均生产规模过小的问题（部分是由于普遍的兼业），所以生产成本很高。既无法以较低的价格向国民提供食物，又面临着国际市场上低价格农产品的冲击。进入21世纪，农业问题更加成为日本深化区域合作的严重障碍，并因此触及到日本产业界的海外利益，削弱了以贸易立国的日本的国家根基。[②] 日本农业与农民的不同境遇表明，农业问题与农民问题并不总是一致的。而且除了产业职能和素质层面的问题以外，开放经济体的农业还面临着国际竞争力问题。由于农产品的差异性相对较小，所以其价格竞争力是竞争力的重要方面。而由于日本的小规模经营削弱了农产品的价格竞争力，从而使食物自给率下降到极低的水平。

　　中日的高速工业化在时间上虽然并不同步，但是在经济高速增长阶段出现的农业问题在本质上却具有共性。数据表明，2006～2012年，中国城市居民的恩格尔系数不降反升，主要农产品原料的进口乃至走私入境的压力显著上升。此类情形的发生唯中国农业竞争力不足、农产品价格高企所致（党国英，

　　① 国家哲学社会科学基金重大攻关项目"制度变迁视角下的中国二元经济转型研究"（11&ZD146）的阶段性成果；辽宁省社科基金重点项目"辽宁低收入群体收入增长问题研究"（L12ASH003）的阶段性成果。具体来看，在地少人多、季风性气候、水田众多等多方面两国是有共性的。
　　② 菅直人在2011年1月提出的"第三次开国"就是在农业政策严重掣肘日本加入东亚自贸区与缔结跨太平洋战略经济伙伴协定（TPP）并阻碍日本为走出困境而全面开放市场的背景下提出的。

2013)。这表明，在我国高速工业化推动农民收入总体迅速增加的大背景下，农业竞争力并没有得到相应程度的提高。在工业化进程中，农民利益与农业产业自身发展分化于不同路径的可能性是存在的。而这在超越国别的层面上具有共性，对这种共性的研究会给我国的农业发展、农民利益获得以及两者的协调带来有意义的启示。

5.1　工业化推动农民利益与农业发展相分离的机制：理论分析

一国或地区在工业化高速进行的阶段，农民的利益与农业自身的发展可能发生分离。这种分离体现在农民的收入水平不再依赖于农业的发展程度。一个疑问是，工业化作为推动力量是通过何种影响机制导致农民利益与农业发展发生分离的？要回答这个问题，需要从工业经济增长、农业政策转变、农民收入来源变化和农业结构调整的逻辑关系入手展开分析。

5.1.1　农民收入来源多元化（兼业化）对农业的影响

5.1.1.1　兼业化对生产规模扩大的抑制

高速的工业化进程中往往伴随着非农产业向城市周边和农村地区的大面积渗透，同时也使土地快速升值。土地价值骤升与追求稳定的心理使农民不愿放弃土地和作为耕种者的权利，而农村的工业化及非农产业的导入作为客观条件使农民可以在不离农的情况下拥有大量非农就业机会（周维宏，2008），农业生产的规模化从而受到阻碍，并使城市化具有不够彻底的特性。也就是说，在高速的工业化进程中，农业人口在空间分布上的变化和跨部门转移并不是一致的。大量通过兼业而富裕起来的农户滞留在农村会妨碍农业生产规模的扩大，掣肘农业结构的调整——在普遍兼业的大环境下，专业农户扩大生产规模的努力很难收到明显的效果。工业化进程会促进工资率快速上涨，而农业生产的小型化往往使迅速提高的人力成本无法有效分散，即不存在内部的规模效应，从而推动农业生产成本的提高，使农业结构调整不力的后果显性化。

5.1.1.2　兼业化与相对于农业生产规模的过度投入

由于非农就业机会的广泛存在，农业生产并不是农户收入的唯一来源，甚至通常不是兼业农户的主要收入来源。因为小农家庭在配置各种要素以达到利益最大化的过程中是理性的（舒尔茨，1987，中译本），所以有理由认为农村家庭在农业与其他产业之间配置生产要素也是基于自身利益最大化原则的——农户在其所涉就业产业中的要素配置总的来看是合理的，是可以实现总收入最大化的。但是，在收入来源多元化的背景下，实现总收入最大化并不意味着必须在农业这一单一领域内获得最大收益。事实上，由于可投入要素的有限性，农业领域与总收益最大化很可能存在矛盾。为此，理性的农户将在生产活动中进行取舍。所以，兼业农户不会刻意追求农业净收益的最大化（当然，农业净收益必须大于零，否则要素会被投入到任何边际收益大于零的领域）。这意味着农户可能缺乏降低成本的动力。在高速工业化阶段，非农产业往往占用了兼业农户绝大部分的劳动时间。为了寻求对投入到其他产业的劳动的替代，农户往往大量追加农机等农业设备的投入。在普遍兼业、农业经营规模较小的情况下，资本要素的过度投入也是推高农业平均生产成本的原因之一。

5.1.2 农业保护政策对农民与农业的不同影响

5.1.2.1 农业保护促进农民收入的提高

工业化进程中对农政策的转变对于农民利益和农业发展具有不同的影响。一国或地区在工业化的初期，由于工业生产水平较落后，生产效率较低，政府往往通过低估农产品的相对价格来降低产业工人的生活成本（黄季焜，2008），以维护本国工业生产的低成本优势。这种工农"剪刀差"是造成农民相对贫困的主要原因。在工业化深化、进入重化工化阶段后，技术变迁、规模报酬递增和不完全竞争成为制造业活动的主要特征（赖纳特，2010，中译本），工业发展不再依赖劳动力成本优势，"剪刀差"从而不复存在。但是，与进入重化工阶段后工业工资的快速提高不同，农业产量增加的相对有限性（由农业生产的规模报酬递减决定）与农产品面临的较低价格弹性从供给与需求两个方面决定了农民收入水平提高的局限性。[①] 所以，与工业化初期的"剪刀差"相反，为了缩小农民与非农从业者的收入差距，维护社会稳定与国家整体利益，在重化工阶段政府倾向于向农业提供保护政策（晖峻众三，2011，中译本）。农业保护政策的具体制度安排一般可区分为针对农产品的价格支持和面向农户的直接补贴两大类。毫无疑问，人为提高的收购价格和对农补贴会促进农民收入的增加。

5.1.2.2 农业保护政策对制约结构改善

农业保护政策[②]在维护农户利益的同时也使小规模、高成本的农业生产状

---

① 甚至如美法等国家的大规模农业生产也在不同程度上存在此类问题。

② 文中所指的农业保护政策是较"狭义"的，并未包含灌溉设施修缮、水土涵养、环境保护等农村投入与整治措施，所以并没有否定此类政策行为对农业发展的正面作用。

态得以维持，从而抑制农业结构①的改善，制约农业竞争力的提高。也就是说，以价格支持、农户补贴为主的农业保护政策的受益者是农民。而从产业发展的视角看，此类保护对农业的产业素质提升是有负面作用的。必须强调的是，在农产品价格支持体系中，国境政策（贸易管制）是不可缺少的组成部分，否则国内外市场农产品的价格差会使一国的财政面临巨大的压力，而由贸易保护政策引发的贸易危机也是一国农业在开放层面处于困境的根本原因。

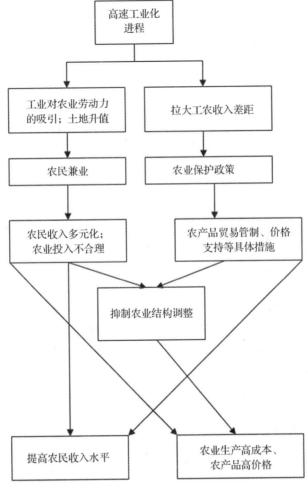

图 5-1　工业化推动农业、农民利益分离的作用机制

---

　　①　文中所指的"农业结构"不是指农牧业等构成的产业结构或者产品结构，而是指反映生产经营规模分布的经营结构。

依以上的逻辑分析，农户兼业与农业保护政策的受益主体均为农民。农户的普遍兼业使农村家庭的收入来源多元化，所占比重渐趋增大的农业外收入成为农户收入水平逐渐赶上城市家庭的基础；农业保护政策则维持了农产品的高价格，即维护了农民在农业收入方面的利得，其实际的保护对象是缺乏扩大生产规模意愿的兼业农户而不是农业，因为农业的产业化发展道路与小规模经营的兼业化路径是不相容的。如果将结构调整作为农业发展的必要路径，从而降低生产成本作为其核心目标的话，那么农户兼业、农业保护政策等对于增进农民利益来说的积极力量就可能成为制约农业发展的消极因素。

在日本的高速工业化进程中，农民走向兼业的道路是难以避免的。在理论模型的阐释中，由于工业的规模报酬递增效应，工农工资率差距很可能持续地扩大。事实上，日本在此阶段的工农工资率差距也正是不断扩大的（酒井富夫、焦必方的观点）。考虑到规模大的企业的工资率要明显高于小规模企业，那么文中所做的规模报酬递增的假设也是合理的。农民无法通过专业务农而获得与城市劳动者相同的收入水平，即使在农业劳动力不断涌入到城市中的前提下也是如此，原因在于工业的规模报酬递增特性使得劳动力的涌入并不会"稀释"工业的工资率，而且由工资率差距导致的农民加速流入到城市其他产业部门并弥合产业间工资差异的假设往往在现实中是无法成立的。事实上，受到城市中可以获得的工作岗位数量的限制、农业劳动者自身能力的局限，以及由农村向城市流动的各种成本的制约，农民极迅速地向城市中流动，并很快使工农收入水平持平的情况是难以出现的。

占领期后，日本很快进入到高速发展的工业化时期。此时期，工农的收入差距在经历了短暂的扩大后迅速缩小并弥合。但是，与农民境遇迅速改善形成反差的是，农业因未能在此阶段得到充分发展而陷入困境，日本农民利益和农业发展分化于不同的路径。

5.2　高速工业化时期农民低收入情况的逆转

5.2.1　工业化初期的农民贫困问题

占领期内（1945～1949）推出的"倾斜生产方式"以煤炭、钢铁等基础工业生产为中心，当时的目标是使跌落到战前 40% 的工业产值能够得到快速的恢复。在战后编制的《新物价体系》中，工业的工资大概只是 1935 年基准的 28 倍，而煤炭、钢铁、肥料等重要的生产资料的价格达到战前基准的 65 倍。维持城市劳动者低工资的关键是强行压低农产品的相对价格，即施行工农"剪刀差"。在这种倾斜生产方式下，到 1949 年末，工业生产指数已经由不足战前（1935 年）的 40% 迅速恢复到战前的 80%，到 1951 年则达到战前的 115%。日本工业生产率在此阶段开始以远高于农业生产率的速度增长，比较优势迅速向工业倾斜。由于经济体存在自发维持工农平衡的力量，当比较优势逐渐失去后，国内的贸易条件则倾向于向有利于农产品的方向转变。[①] 但是，日本政府强行压低国内农产品相对工业产品的价格，阻止国内农业贸易条件的改善，从而降低了城市工人的基本生活成本，使保证工业持续快速恢复的低劳动工资率得以维持。例如，对于日本国民的主要粮食大米，从 1947 年起，对比战前（1935 年）的基准价格进行生产者米价的制定，当年的米价被规定为战前的 63 倍。这一价格虽然与生产资料的新价格水平相差不多，但是如果考虑到米价是以公开制定的价格购买生产资料为准，而农民却不得不以黑市价格购买溢价的包括农药、化肥在内的大量的农业生产资料的话，则此大米价格是难以覆盖农民的生产成本、难以进行再生产的低价格。占领期内，政府的稻米生产成本调查是以高于一般农户生产水平的农户为对象的，而在核算成本的最重要环节——劳动工资率评估时，却是以劳动工资差异结构中的最低档次的农业日工资的水平来计算的，从而造成了这样的局面——1949 年最低时，政府给付农民的米价要低于生产成本。这一阶段的生产者米价不但低于成本，而且低于国际市场的价格水平。1951 年，大米、小麦的生产者价格仅为包含运费、保险费在内的进口同类价格的 80%。如本研究中理论模型部分的分析和预测，在粮食短缺的环境下，农民相对于城市居民更加贫困的原因与政府的剥夺性质的政策密切相关——在占领期内严重的通货膨胀、粮食不足的情况下，日本当局是依仗联合国占领军（以美国为主）的力量强制农民交售粮食的。例如，1946 年 2 月的《粮食紧急措施令》、1948 年 7 月的《粮食确保临时措施法》等法令均与强制购粮有关。

这是一条利用低劳动工资来创造和确保企业利润的路线，实质是以农民的利益为代价来确保工业的发展。虽然相比在战争期间受害严重的工业等部门，农业受损不太严重，但在战后初期却在经济方面遭遇到最为严重的掠夺。由于战后大量人员向农村地区回流，农村劳动力从 1400 万人持续增加至 1800 万人。日本的农户总数在战后也有所增加，从 1936 年的 550 万户增加到 1947 年的 591 万户。随着农户数量的增加，拥有 1 公顷以上土地的农业家庭显著减

[①]　农产品国内贸易条件的改善在不同发展阶段受到不同因素的影响。在低发展水平阶段，贸易条件的改善往往受阻于国内扶持工业的产业政策。而在较高的发展水平阶段，农产品的贸易条件往往受限于较低的需求弹性和国际市场上的农产品的竞争。

少，拥有 0.5 公顷土地的家庭增加明显。1950 年进行的调查表明，日本农户拥有土地面积 95％在 5 公顷以下，拥有平均土地面积为 1.6 公顷，拥有平均农用地面积为 0.9 公顷，拥有平均耕地面积为 0.8 公顷。① 结合理论模型看，战后的人口回流使日本的农业生产规模变小，为农业收入的增长带来不利的初始条件。统计显示，在工业化初期，日本的工农收入差距的确经历了迅速地扩大。到 20 世纪 50 年代末，日本农村的户均收入只是城市家庭的 80％，人均收入不及城市居民的 70％。② 为了稳定农村社会并实现粮食增产，日本政府于 1952 年采取了"以确保稻米再生产为宗旨"的收购价格确定制度。③ 在此制度框架下，虽然生产者平均米价对平均生产成本的覆盖率逐渐提高，但就供求关系看，粮食价格仍然明显偏低。事实上，一直到 1958 年，日本农村家庭平均收入占城市家庭的收入的比重不断下降。而且在那个时期，日本民众劳动反抗运动与反对新日美安保条约的抗议活动不时发生。所以，为了维持民主主义框架下的统治体制和实现农产品的增产，即从政治和经济两个层面考虑，日本当局都必须缩小工农收入差距。当时，日本政府已经意识到，工农收入差距的缩小应该通过改善农业结构，即扩大经营规模、提高效率，推动日本农业的合理化和"现代化"来实现，并认为农村劳动力大量向外转移也为收入差距的缩小创造了可能的条件。④

5.2.2　工业经济高速增长与农民收入的提高

5.2.2.1　农民兼业导致的收入构成改变

价格政策的剥夺导致农业劳动者相对更加贫困，并成为日本社会亟待解决的问题。在此背景下，《农业基本法》（以下简称"农业法"）于 1961 年推出。基本法将农业劳动力和非农业劳动力收入和生活标准的均等化作为其首要的政策目标。日本的政策制定者已经意识到，为了实现目标，农业结构必须改变。对目标的实现路径，基本法中也有清晰的设定——建立以"自立农户"为主体的农业经营结构，通过发展规模化的高效农业来使农户获取足够的收入。可

---

① ［日］加用信文监修：《世界农业基础统计》，农业政策调查委员会 1962 年版，第 49～57 页，第 44 页。转引自周维宏著《农村工业化：从日本看中国》，中国社会科学出版社 2008 年版，第 294 页。

② 在此时期，即使是被临时雇佣或是被投入到处于日本多重工资结构中的低工资层中去，仍有大量农村劳动者愿意进城工作。这也从侧面反映了工农收入水平的差距。

③ 此制度一直延续下来。在粮食价格远超由供求决定的均衡价格及国际市场价格后，该制度渐渐成为以农协为代表的农业利益集团寻求保护的工具，并在一定程度上保护了低效率的生产，阻碍了农业结构的调整。

④ ［日］晖峻众三：《日本农业 150 年》，中国农业大学出版社 2011 年版，第 118 页。

见,基本法中体现的思想是农业与农民利益的一致发展,即农业是农户生产活动的主要内容,农户收入的提高要依托于农业产业素质的增强。《农业基本法》推出的 10 余年间,日本农户与城市家庭的收入差距在经济高速增长的过程中逐步缩小。到 1973 年,农户的人均收入和消费水平已经高于城市工资收入者。问题是,基本法中以大规模自立农场为生产主体的结构调整目标从未实现,工农收入差距的弥合并不是依赖基本法中设定的路径。从农户收入结构的变化看,日本工业化的持续深化,以及由此带来的产业结构提升才是导致工农收入差距逆转的根本原因。占领期后的十几年里(1950~1965 年),日本迅速完成了从以纺织工业为核心的"战前型"产业结构到以新兴重化工业为核心的"战后型"产业结构的转变,使其很快在制造业领域重拾了优势,贸易结构也随之实现了重化工化。

表 5—1　　　　　日本在高速工业化进程中重化工业的进展

(括号内:1000 人,10 亿日元)

年份		1955	1961	1965	1970
就业者(%)	制造业	100.0 (5517)	100.0 (8751)	100.0 (9921)	100.0 (11680)
	重工业	30.3	40.2	39.5	45.0
	化学工业	7.1	5.7	5.4	4.6
销售额(%)	制造业	100.0 (6772)	100.0 (19053)	100.0 (29497)	100.0 (69035)
	重工业	31.8	46.8	44.3	51.6
	化学工业	12.9	11.1	12.3	10.6

注:引自晖峻众三《日本农业 150 年》,中国农业大学出版社 2011 年版,第 108 页。原数据来自通产省《工业统计表》(各年)。

在日本制造业中,重工业(金属、机械工业)所占的产值和从业人员比重快速上升,至 1961 年已接近欧美的平均水平。在出口方面,以钢铁、船舶、电气机械为代表的重化工业产品的比重快速上升,并取代轻工业品成为新的出口主体。重化工业产品占日本出口商品的比重在此时期迅速提高,1955 年为 38%,1965 年达到 62%,到 1970 年已达到 80%(晖峻众三,2011,中译本)。伴随产业结构的升级,制造业的规模报酬递增、技术变迁、协同作用等积极因素极大地促进了日本经济增长和工资率的提高,工农剪刀差不再必要,掠夺农业的政策随着工业经济的高增长而退出,而且工业化的深化也带动了服务业的快速发展。① 在 20 世纪 60 年代工业经济高速增长的大背景下，不但城市对农村剩余劳动力大量需求，日本的农村工业化也基本保持了同步发展的趋势（周维宏，2008），以工业为主的非农产业开始向农村地区导入，农民可以选择外出做工和就近就业等兼业方式。兼业使农户收入来源多元化。

农村工业化的途径之一是农村部分劳动力外出做工。农户中有一部分劳动力，定期或不定期地离开农村去城市从事劳动。与举家彻底离农不同，打工的劳动力虽然转移到工业或服务业部门，但没有完全从农村抽离，所以其收入是家庭收入的重要组成部分。从统计资料看，外出做工的年平均人数，1958～1960 年为 18.38 万人，1961～1970 年为 24.68 万人，1971～1976 为 22.85 万人。② 需要说明的是，农民一般利用农闲季节外出做工，时间往往持续数月不等，并且不彻底脱离农业，其实往往是兼业的一种形式。

农村工业化的另一个途径是农村地区的工业导入，即在城市经济发展的同时，对农村地区进行工业开发及把工业密集地区的工业企业导入农村。农村工业导入可分成两个阶段。第一阶段为 1955～1965 年。在这一阶段，农村地区的开发方式为"据点式开发"，即在整备地区和开发地区③建立工业据点，以促进并带动周边地区工业化。第二阶段为 1965～1975 年。在这一阶段，日本致力于进一步普及农村工业化，即由城市向农村全面发展。这一阶段引入的企业主要涉及金属制品、电器机械和纤维制造等。

工业导入带来了农民兼业的迅猛发展。工业导入的两个阶段使农民兼业也可相应地分为两个时期。前一时期基本上只有年轻人去城里工作，其收入也只是起到补充农业收入的作用。后一时期，由于农村地区的工厂逐渐增多，因而农民可以在乡兼业，很多农民成为保留农民身份的工人，农外收入的比例也显著增加。

在基本法推出的 1961 年，日本的兼业农户只占总农户数的 30%。此后，随着工业经济的发展及非农产业向农村地区的渗透，兼业农户的比例不断上升。至 1975 年，兼业农户的比例已达到 85%，农户的农外收入占比接近 70%。而到 1985 年，在日本经济高速增长期即将结束时，来自农业以外的收入已占到农户总收入的 83%，其中以农外收入为主的第二类兼业农户比例已

---

① 服务业，尤其是高级服务业依赖于工业部门的需求以及高级制造业部门的协同作用。所以，其快速发展也是依托于工业化的深化和产业结构的提升。

② 周维宏：《农村工业化：从日本看中国》，中国社会科学出版社 2008 年版，第 136 页。

③ 整备地区与开发地区指欠发达地区，是相对于工业过密地区而言的。以上概念出自日本政府于 1962 年重新制定的《全国综合开发计划》。

经占到 70％以上，专业农户则已不足 15％，农民充分分享到了工业经济高速增长的成果。必须认识到的是，虽然兼业化明显提升了农户的收入水平，改善了农户的经济状况，但是专业农户的收入以及农业作为国民经济的重要部门，其本身的效益和适应工业发展的程度受到了制约而有待于提高。[1]

5.2.2.2　农业保护政策促进农民收入的提高

除了农户普遍兼业以外，工业经济高速增长阶段推出的农业保护政策也促进了农户收入水平的提高。在几乎整个战后经济发展时期，在摆脱了粮食短缺问题后，日本的农业政策便定位于如何对农业进行调整以适应以工业为主导的经济高速发展。劳动力转向非农产业以缩小已经拉大的工农部门间的收入差距已然很迫切。但是，如果只依靠市场机制来完成劳动力部门间再配置的农业调整，那么调整的成本就会完全由农民来负担。如上文所述，以农协为核心的农业利益集团则组织了政治院外活动，寻求对农业的保护。客观上，由于工业经济的高速增长，城市的非农产业劳动者负担农业保护成本（表现为承担更高的食品价格）的能力不再成为保护政策的瓶颈。

日本的农业保护政策体系非常复杂，由农产品价格支持政策、对农业生产投入进行补贴和国境政策（贸易管制）等保护手段构成。其中，对农产品实行贸易管制是贸易伙伴批评日本贸易活动的重要原因。但是，作为农产品价格支持的辅助手段，贸易管制是极为必要的。如果不以关税或非关税壁垒增加国外农产品的出口成本，从而提高进口农产品在日本本土的价格的话，那么对本国农产品的价格支持所导致的购销巨大价格差就会使政府背负巨大的财政压力而难以为继。所以，国境政策即贸易管制是非常必要的。生产补贴也很重要，是日本农业政策的重要组成部分。自 1960 年以来，生产补贴占农业预算的比例一直处于上升态势，至 1984 年最高点时，补贴占预算的比例已经高达 62％。与其他工业国相比，日本的资本补贴率相当高。这与日本的农业结构特点有关。具体来看，数量众多的小型农户在由自流灌溉网灌溉的地里生产稻米，从而即使较小的排灌设施也是由很多农户共同使用的，具有公共物品的特性。这种结构要求日本对应于私人投资的农业公共投资要更高。[2] 可见，生产资本补贴对维持以小型农户为主的生产结构也起到了作用，生产补贴降低了日本农业生产者所需要承担的成本。

在农业保护方式中，对农民收入水平产生直接影响的是农产品价格支持政策。日本政府对国内各种农产品的生产实行直接的价格支持：对稻米采取最

---

① 周维宏：《农村工业化：从日本看中国》，中国社会科学出版社 2008 年版，第 140 页。

② ［日］速水佑次郎：《日本农业保护政策探》，中国物价出版社 1993 年版，第 56 页。

大、最复杂的价格支持方案；对小麦和大麦的生产实行最低价格收购制度——当其市场价格低于设定的最低价格时则由农林水产省的食品局来购买。

以日本最主要的农作物稻米生产为例，尽管为生产结构调整付出种种努力，但是农业生产率的增长速度仍不足以阻止城乡收入差距的进一步扩大。在农协组织的院外政治活动的压力下，于 1960 年产生了被称为"生产成本加收入补偿方式"的稻米价格决定方案。[①] 此方式将稻米生产者的家庭劳动以城市其他产业劳动者的工资作为参照折算并计入到单位土地面积的生产成本，以平均单位产量中减去一个标准差（σ）而得到接近边际土地的最低单产，再将单位面积生产成本除以最低单产得到稻米的政府收购价格（也称为"减去一个 σ 方式"）。[②] 就是说，稻米价格由每公顷产出低于全国平均产出一个标准差的稻田生产成本决定。而每公顷稻米产出与单位产出的生产成本大致呈反比关系。因此，此方案的实施甚至可以补偿高成本、低效率生产者的成本。分析后可看出，该方案的核心是，根据非农劳动工资来估算农业家庭的劳动成本，以保证农业家庭获得平等的报酬。所以，在高速的工业化进程中，随着非农部门工资率的迅速提高，稻米的生产者价格也相应快速增长，即在此政策框架下，农业生产者的收入水平会随其他产业生产者的收入水平的提高而提高。这对于工农收入差距的缩小和调动农民生产的积极性起到了积极的作用，农民在致力于稻米生产的同时也被统合到自民党的统治体制中去。[③] 类似的政策也被应用于其他主要的农产品。例如，肉类、奶制品和纺织品的价格稳定方案用来支持介于最高价和最低价之间的国内批发价。方案中设定的价格区间往往高于市场均衡价格，从而出现赤字，并成为农民的收入。这样的赤字补贴方案也被用于大豆、土豆、油菜子和加工用牛奶等农产品。

此类促进农民利益增加的政策使日本国内与国外的粮食价格差急剧增大。当日本政府于 1968 年因为稻米的累积性剩余而暂停该方案时，生产者价格与进口价格的差距已从不足 50％扩大到 120％，而米价到 1988 年高峰时已攀升至国际价格的 8～10 倍（坪井伸广，1990），此后基本维持在这一水平。必须强调的是，日本之所以可以在 20 世纪 60 年代以后放弃"工农剪刀差"政策，转而不断加强以价格支持为核心的农业保护，根本原因在于工业经济的高速发展使较高的农产品的价格不再是日本民众不可承受的负担。虽然存在购销差

---

① 此政策与占领期时的强制交米制度有很深的渊源。该时期，政府决定米价时也会和农民代表谈判，但最终米价会低于均衡价格；而保护农业时期的实际购买米价会高于市场均衡价格。

② 晖峻众三：《日本农业 150 年》，中国农业大学出版社 2011 年版，第 122 页。

③ 晖峻众三：《日本农业 150 年》，中国农业大学出版社 2011 年版，第 122 页。

价，即消费者农产品价格上涨受到控制，但是价格支持的财政赤字支出终究来自于其他产业缴纳的税收。这是以工业化不断深化、产业结构持续提升为基础的，非农产业的竞争力增强而不再依赖于由低廉的食品价格促成的低劳动力成本是可以存在购销逆差的前提。即使是补贴来源构成中包括进口关税也不影响以上的结论，因为关税征收导致的价格上涨部分最终都被消费者承担，而这些消费者的福利损失也是由来自其他产业的收入作为弥补的。

由于农民的普遍兼业，工农的工资差距已不足以决定收入水平差距。在1968~1972 年间，以重化工业为基础的制造业工资率提高很快，造成从小时平均工资来看的制造业与农业之间的工资收入差距在此阶段再次扩大。但是，由于兼业化导致的收入多元化，农户的收入水平却在这一阶段逐渐接近于城市家庭，并实现了均等化，农户过上了与城市家庭基本一样的生活。而且随着非农业收入比例的上升，均等化的状态得以维持下来。如果从农产品进口激增、自给率不断下降、农业结构改革停滞等情况看，日本农业自 20 世纪 70 年代已开始出现危机并不断加剧。但是，由于实现了农户与城市家庭之间收入的均等化，所以农业危机并没有相应地引发农民危机。

在日本，农民与农业的问题自此已经分化于不同的路径。也正是由于实现了工农收入的均等化，使得自民党政权可以通过广大兼业农户维持其在农村的政治基础。而大量兼业农户的存在与农业生产规模难以扩大是同一个问题的两面。

5.3　日本工业经济高速增长时期农业的衰落

在日本农民收入高速增长的时期，农业却进入了相对的全面衰退期。日本农业的衰退体现在产业素质、产业职能等层面上，具体表现为农业结构调整不力、生产成本过快上涨和食物自给率的大幅下降。而且在高速工业化进程中，兼业化逐渐影响到规模较大的农户，大规模专业农户的生存空间变得越来越小。

5.3.1　产业素质层面：农业结构调整不力，生产成本过快上涨

5.3.1.1　工业经济高速增长中自立农户的大量减少

在日本农民收入迅速增长的同时，农业的产业素质与国际竞争力却全面衰退。《农业基本法》中设定的建立 100 万个自立农场、实现大规模经营的结构调整目标一直没有实现。相反，自立农户的数量从 1960 年的 52 万个下降到1970 年的 35 万个。

自立农户在经济高速增长中大幅减少，在很大程度上是由于城市家庭的收

入提高很快，使通过迅速扩大农场经营规模来达到相应的收入水平是极困难的。自20世纪60年代，日本的工业向重化工化的转型开始显现成效，其制造业逐渐在规模报酬递增、依赖技术创新的领域建立了优势。与纺织类等轻工业不同，此类不完全竞争领域的发展对工资率的快速提高具有极大的促进效应。见表5—2，从制造业的小时平均工资水平的国际比较看，高速增长刚开始的1959年，日本只有美国的1/10、英国的1/4，到1969年便达到美国的1/4、英国的60％。而到1973年，日本的工资水平已超越了英国，达到美国的1/2。伴随制造业工资率的迅速提高，自立农场的标准自然相应提高：1960年农民耕种2.3公顷水稻就可以达到城市劳动者的平均收入标准，到1970年则需耕种3.5公顷。而到1985年，日本的工业化已全面完成、经济高增长即将结束时，则至少需耕种6公顷水稻才能达到以上的收入标准，而且这还是在高度农产品价格支持的前提下（速水佑次郎，1993，中译本）。要实现如此迅速的农业经营规模扩大，必须以农户大规模离农为前提。但是，由于工业化向周边及农村地区渗透、公路设施建设发展等原因，居住地与就业地的距离大幅延伸，从而使兼业经营非常普遍。比较典型的情况是农村家庭的精壮劳力在城市或周边工作，只定期回农村劳动，而老人和妇女继续从事农业生产（这与现阶段我国很多农村地区的情况相似）。在此阶段，农业机械的大量投入在客观上允许耕种不依赖于壮年劳力。而且伴随经济的高速增长，土地价格急剧提高，农地转向工厂、公路等非农用途以获取高额收益的预期是农民不愿放弃土地的重要主观原因。兼业化的影响波及到规模较大的专业农户——由于大量兼业农户选择滞留于农村，专业农户试图扩大经营规模的努力很难收到效果。日本农业结构的变化也远远落后于欧美国家。1960～1990年的30年间，西欧和美国以零散农户为主的农户数量减少了约50％，而平均经营面积增加到原来的2倍多，50％的农业经营户转变为专业经营户。与此不同，尽管日本农户规模更零散，但在这一时期仍有65％左右的农户保留了下来，并以普遍兼业的形式存在，户均经营面积也只增长到原来的1.3倍。

表5—2 　　　　　　　　　　小时平均工资的国际比较

（制造业，日本为100，括号内为日元）

年份	日本	美国	英国	西德	法国	意大利
1959	100（81）	986	385	258	178	159
1965	100（63）	577	271	228	134	137
1969	100（287）	400	168	181	95	99
1973	100（563）	203	98	148	75	79

注：转引自户木田嘉久《现代资本主义与劳动阶级》，岩波书店 1982 年版，第 203 页。原数据来源于 ILO 的统计。

5.3.1.2　日本工农部门间的收入差距与农民兼业化形成

导致日本农户普遍走上兼业道路的原因既有经济层面上的，也有政治层面上的。从经济层面上看（如表 5－3 所示），1960 年，日本农业劳动的小时平均工资只有 500 人以上大规模制造业企业的 40%，与 30 人以下（5~29 人）的小规模企业相差不多。1960~1968 年，虽然在以价格支持为核心的农业保护的前提下，主要农产品的价格上涨提高了农业收入，但是其农业劳动的小时平均工资也只有大规模企业（500 人以上）工资率水平的 65% 左右。1968 年后，农业相对收入水平再次迅速下降（与 1968 年暂停上文提到的收入补偿方案具有直接关系），到 20 世纪 70 年代初降至不到大规模企业工资水平的 40%。这是只相当于季节性或按日做工的雇佣劳动者的水平。自 1972 年以后，农业相对工资水平再没有超过 40%。由于农业收入水平很低且农业生产存在季节性，所以实际可获得的农业收入相对更低。而为了达到城市生产者的收入水平，农民必须兼业。但是，为什么大多数农民选择兼业而没有成为完全自立的工资劳动者呢？原因在于大部分农民的兼业就业处于日本多重工资结构的低层，即主要集中在不稳定的雇佣劳动者和蓝领阶层中，这一阶层的工资收入较低且就业机会变数很大，农民很难成为自立的工资劳动者（这与现阶段我国"农民工"的情况极为近似），从而并不放弃农业，而是作为兼业农户保留下来。从另一个视角看，日本农户更加愿意耕种稻米，而不是如政府倡导的去经营集约使用土地的饲养类农场。其原因除了上述被保护的米价以外，更重要的是饲养农场需要全年进行劳动而使农民无法赚取兼业收入。[①] 可以认为，以上现象是兼业模式的一种固化，兼业由收入差距扩大的不得已而变为主动谋求，从而改变农户的经营方式。

表 5－3　　　　　　　　　　农户构成的变化　　　　（日本全国农户数：1000 户）

年份	1955	1960	1965	1970	1975	1980	1985	1990	1995	1999
总农户数（A）	6042 (100.0)	6057 (100.2)	5664 (93.7)	5341 (88.4)	4954 (82.0)	4662 (77.1)	4375 (72.4)	3845 (63.4)	3445 (56.9)	3240 (53.5)
销售农户（B）							3315	2971	2651	2475

---

① NODA Kimio. Collectivism and Individualism in post－war Japanese Agriculture Reflections on Nishida and Kase . Social science Japan Journal Vol. 4，No. 2，pp 281. 2001.

续表

	1955	1960	1965	1970	1975	1980	1985	1990	1995	1999
农户构成（%）										
专业农户	34.9	34.3	21.5	15.6	12.4	13.4	14.3	15.9	16.1	17.5
高龄专业农户			3.4		4.2	5.4	5.2	7.1	8.9	
一类兼业农户	37.5	33.7	36.5	33.8	25.5	21.6	17.8	17.5	18.6	14.5
二类兼业农户	27.6	32.0	41.6	50.8	62.2	65.2	68.1	66.6	65.2	68.0
主业农户占 B 的比重（%）								820.0 27.6	678.0 25.6	546.0 22.2
自给自足农户							914.0	864.0	792.0	764.0

注：1. 根据农林水产省《农林水产统计便览》和《农业调查》整理。

2. "（）"内是以 1955 年为 100 的指数。

3. "销售农户"是指 30a 以上或销售额在 50 万日元以上的农户。

4. "高龄专业农户"是指农业从事者年龄为 65 岁以上的农户。

5. "第一种兼业农户"是指以自营农业为主的农户，而"第二种兼业农户"是指以农业为辅的农户。

6. 农户构成在 1985 年之前是对 A 的比重，在 1990 年以后是对 B 的比重。

7. "主业农户"是指农户收入的 50% 以上是农业收入，并有未满 65 岁、年从事农业 60 天以上的成员的农户。

8. "自给自足农户"是指未达到"销售农户"标准的农户。

从以上的分析中可见，弥合农业与制造业的巨大收入差距是农民兼业的直接动力。这与理论模型中的相关判断是契合的。但是模型中显示，工农收入差距的缩小是需要满足一定的条件的，即第 2 章的（15）式。工业的规模报酬递增特质使其部门工资率会因为农业劳动力的持续流入而提高，如果农业规模报酬递减的程度在劳动力流出的"逆过程"中不能补偿工业的递增程度，那么收入水平差距只能越来越大，而只依靠农业生产无法弥补收入差距是农民选择兼业而不是扩大规模成为专业农户的重要原因。以上的统计数据显示，在日本工业化进程中，规模报酬递增导致的工业收入的高速增长是难以依赖农民离农、扩大农业收入来追赶的。

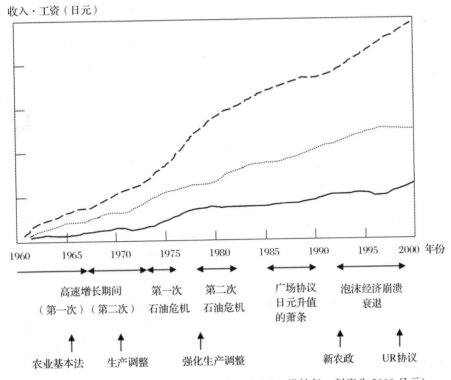

图 5-2　工农间收入差距的演变（平均 1 人/日，纵轴每一刻度为 5000 日元）

注：1. 引自酒井富夫《日本农业经营的现代化与农政》，载于《日本的农业、农民和农村：战后日本农业的发展与问题》，上海财经大学出版社。原资料来源于《1995 年农业白皮书》。

2. 粗实线——农业收入；细点虚线——制造业（5～29 人规模）收入；粗虚线——制造业（500 人以上规模）收入。

3. 农业人均日收入＝年农业收入/年按能力换算而成的家属劳动日数。

制造业人均日工资＝年现金工资总额/年出勤日数。

5.3.1.3　农业保护政策对农业结构调整的影响

日本农业结构调整的不力与农业保护政策也具有很大关系。日本的农业保护政策与其说是为了保护农业，不如说是为了保护兼业农户。[①] 为了降低农产品的生产成本，在日本人力成本高企的背景下，必须提高农产品的劳动生产率，从而需要推进农业的集约化和规模化，并培育农业相关企业及骨干农户。

---

① ［日］野口悠纪雄：《日本的反省：依赖美国的罪与罚》，东方出版社 2010 年版，第 107 页。

但是，日本的农业政策导向却与此背道而驰，更像是一种社会政策而非农业政策。在这一点上，自民党与民主党的政策主张也是一致的。在 2007 年 7 月份的参议院选举中，民主党也曾提议加强对农户进行补贴。这说明，这种针对兼业农户的保护在日本社会是被认同的，包括由于高食品价格而利益受到损害的消费者群体。仍以稻米为例，由于政府在很大程度上垄断了稻米的销售，以致稻米可以有保障地获得远高于市场均衡价格的高价，而且农户把他们的产品卖给作为政府独家代理商的农协也十分方便。稻米统制保障了兼业农户尤其是第二类兼业农户获得稳定的高价和销售上的便利。此外，由于稻米耕作实现了高度标准化，兼业农民与专业农民之间在生产率上的差别不大，因此无论是价格支持制度导致的能够覆盖小规模兼业农户的生产成本的政策措施，还是使主要农作物生产适应于兼业化的、由政策导向的技术努力方向，都成为维持兼业农户存在、阻碍有意愿扩大规模并成为自立农户的农业生产者集中使用土地的阻碍。农协与兼业农户的相互支持在很大程度上控制了日本农村的经济和政治。这种控制在日本社会特定的政治结构下促成了有利于兼业农户维持小规模生产的农业政策的形成。其结果是，为摆脱开放层面上的农业保护政策困境所必需的农业结构调整很难成功。

5.3.1.4　生产主体结构调整不力导致生产成本高企

由于上文提到的原因，日本专业农户的比例不断减小。至 1980 年，自立农户①比例降至 5.2% 的最低点，而兼业农户的比例直到 21 世纪仍维持在超过 80% 的高水平。可以认为，日本的农业结构改革基本陷于停滞。由于结构调整不力，日本的劳均土地拥有量仅为 1.7 公顷，只有美国的 0.7%、英国的 4.7%、法国的 7.4%（拉坦等，2000，中译本）。耕种规模过小直接导致了快速上涨的劳动力成本无法有效分散。1980 年，日本单位劳动力产出为 28 个"小麦单位"，②而美国为 285 个单位、英国为 116 个单位，法国为 102 个单位，德国为 114 个单位。相比之下，日本每公顷农地的产出则远高于其他国家，达到 12.2 个单位，而美国只有 1.2 个单位，英国为 3.1 个单位，法国为 4.1 个单位，德国也只有 6 个单位。可见，即使单位土地的产出很高，如果生产规模过小的话，也无法有效地降低成本。因为在此时期，即结构改革已经接近陷入停滞的 1980 年左右，日本农产品的价格已经远高于国际市场上的价格。

农业劳动力的成本问题并不在一国发展的所有阶段都是严重的。在日本开启工业经济高速增长之前，即 1955 年之前，由生产规模小、人均土地拥有量

---

①　只通过农业生产即可达到城市家庭收入水平的农户并不等同于专业农户。

②　等于根据其他农产品与小麦比价所换算的吨小麦。

少而导致的劳动生产率低并没有大幅推高日本农产品的生产成本，也没有使其农业缺乏国际竞争力，那个时期的日本还可以通过出口农产品换取进口工业设备及技术所需的外汇。原因是，在高速工业化的初期，劳动力的价格相对于资本和土地的价格来说较低，劳动力资源相对更容易得到。当然，这也缘于工业和服务业还没有发展到能够大量吸收劳动力的程度。所以，即使因为土地缺乏而在单位土地上使用了数量更多的劳动力，如果资本等相对昂贵的要素得到充分且有效的利用，那么生产成本并不必然会很高。在日本工业经济高速增长之前，其以小规模家庭农场为主的农业结构运行得很有效率，完全解决了当时的食品问题（相比之下，当今日本反而面临着无法通过自身农业生产解决热量提供的危险。这正是后文所述的工业经济高速增长中农业"绝对生产能力"和"相对生产权力"的问题）。但是，由于战后日本工资水平的急剧上升，随着经济的高速增长，劳动力取代了土地成为最短缺的生产要素。[1] 这意味着在工业经济高度发展催生的高工资率的大环境下，为了降低生产成本，单位土地上劳动使用量的多少将非常重要。如果在这一过程中，农业生产结构调整不力、生产规模不能够扩大的话，农产品的生产成本就难以降低，甚至会被大幅推高。如果从能够以不断降低的成本来提供农产品的单一视角来判断农业是否处于发展的动态过程，以能够提供的农产品的最低价格来评价农业的发展程度的话，那么对于以小规模生产为主体的农业来说，农业结构调整是其发展的重要前提和主要途径。

日本农户的平均土地经营规模大概只有 1 公顷，除北海道以外的地区，90% 以上的农地经营规模不到 3 公顷。在这样的小规模生产中，工资率的快速上涨也无法将劳动力从农业劳动中置换出来并以资本来替代。但是，由于生产规模小，资本要素的投入（主要表现为农业机械的使用）在地均和人均标准中分别表现为"过度"和"不足"两种情况，而过度和不足两种相互矛盾的现象会导致相同的后果。在工业化深化、产业结构快速提升的时期，"地均"标准的农业机械的"过度"购置造成了一些农户经济上的入不敷出，也加剧了农产品生产成本过高的问题（加藤弘之，2008）。其主要原因是平均生产规模小，以致日本的农业机械存在着严重的使用不足情况。例如，1980 年日本每单位土地的农业机械功率数已超过原联邦德国，并达到法国的 2 倍。这种投入源于一家一户的耕种模式，致使投入过度。

但是，如果考虑到日本的劳均可耕地面积只及德国的 1/4、法国的 1/10

---

① 速水佑次郎、神门善久：《农业经济论》，中国农业出版社 2003 年版，第 103 页。

的话，日本劳均拥有的农业机械功率反而很小，只约为德国的 1/3、法国的 1/5。这表明，在规模过小的前提下，资本对劳动的替代受到了限制。相比在提高劳动生产率方面起到的贡献，农机的过度投入更主要的是为兼业农户节省了投入到农业劳动中的时间，以实现家庭总收入的最大化。在成本补偿的保护政策框架下，相对于土地及产出的过度投入、相对于劳动力的替代不足都会增加生产成本（相比于适度规模下的生产）。由于"生产成本加收入补偿法案"等保护制度以保证农业劳动者享有与城市劳动者同样的工资率为核心目标，所以在城市劳动者工资率高速上涨且规模化不力的背景下，只能以日本农业货币化的生产成本被持续大幅推高作为弥补。这部分投入也被计算进了生产成本，从而进一步推动了农产品价格的上涨，反过来又对小规模农业生产起到了支持作用，抑制了农业结构的改善。

日本的农地制度限制了土地的买卖。除北海道地区以外，其他地区的人均农地拥有量一直有比较严格的限定，从而也在一定程度上制约了结构改善。而土地租赁本应成为扩大规模的主要方式。但是在日本，耕地中租赁的比例只占不到 10%。而这一比例，西欧超过 20%，美国则达到 40%。该现象的出现与上文中所述的农业劳动力的高龄化、兼业化具有直接关系，在结构调整失败的过程中存在着累计因果循环关系。根据日本农林水产省 1992 年发表的统计，如果要实现有效经营农业的目标，那么农户的经营规模要达到 15 公顷。而且如果能够在有效经营的前提下实现集中的话，农产品的生产成本将会降至原来的 50%。[①] 如果农产品的成本下降 50%，即使将农产品的贸易自由化，日本的农业仍可以在开放的环境中存在。就受保护程度最高的稻米来说，按照 SBS 定价机制来决定价格，通过实行 SBS 进口定价机制的稻米年度进口量为基准测算稻米国内、国际的价格差大概是 2 倍。也就是说，如果成本能够下降 50%，那么稻米是可以实现自由化的。问题是，至 2010 年，在 285 万日本农户中，超过 200 万户稻米生产者的生产规模远未达到有效经营的程度——绝大多数是不足 3 公顷的小规模作业者。

可以说，由于日本农业的兼业化和生产者的高龄化等因素，农地市场领域的竞争机制已经缺失。而该机制对农业结构调整非常重要，决定着农业生产的效率性。神门善久（2013）的研究认为，如果日本家庭农场的平均规模能够达到 15 公顷的话，即使在自由贸易的环境下，日本的农业也能够维持下去。也就是说，日本农业的根本问题是生产结构的调整问题。

---

① ［日］神门善久：《日本现代农业新论》，文汇出版社 2013 年版，第 62 页。

5.3.2　开放背景下的产业职能层面：食物自给率急剧下降，农业存在成为问题

随着经济的快速发展，日本国内的农产品价格普遍开始超过国际市场价格并持续快速上涨。以稻米为例，20 世纪 90 年代后需要以约 800％的从价税来保护本国的生产，而且还有相当一部分甚至无法实现关税化。

5.3.2.1　贸易自由化与提高食物自给率的矛盾

日本本土市场农产品高价格的维持依靠的是对内的农业补贴和对外的贸易管制两种政策的配合。农业补贴方式一直在演变，初期主要是差价补贴，即相对高价收购，然后以较低的价格卖给国民，差价部分由财政负担。但是，由于农产品价格水平上涨很快，以致差价补贴逐渐难以为继。而且随着民众收入水平的快速提高，食品的支出也不再是问题。所以，差价补贴的方式在 GATT（WTO）框架下渐渐"绿箱化"，成为针对农户的直接补贴。① 直接补贴包括非特定产品支持政策和稳定经营收入对策。直接补贴政策指的是政府不是通过行政价格等间接的措施，而是直接向农户支付补贴的政策。直接补贴之所以在WTO 框架下可以被"绿箱化"，根本原因在于，该种补贴方式被认为是不会刺激生产的，即不会扭曲农产品的国际贸易格局。但是，就日本农业现今所面临的情况来说，不刺激生产与提高食物自给率两者之间是存在矛盾的。低下的食物自给率使日本面临着严峻的粮食安全问题，抛开经济的因素（因为农业产值在日本经济总量中占比极小），由极低的食物自给率所带来的国家安全层面的风险是农业现状带给日本的最根本、最严重的问题。然而，作为以贸易立国的日本，在 WTO（GATT）框架下，特别是在 21 世纪区域经济一体化（以FTA/EPA 为主要模式）的浪潮下，日本政府针对提高食物自给率所能采取的政策工具的有效性极为有限。

随着差价补贴政策工具的退出，为了维护国内农产品市场上的高价格，贸易管制起到了主要的作用。但是，从 20 世纪 70 年代始，出于对海外利益的考虑，日本国内以大企业为核心的产业界开始要求尽快实现农产品贸易自由化以减少对美国等国的贸易摩擦。这种呼吁在日本经济于 20 世纪 90 年代陷入困境后更加强烈。这与日本产业界在墨西哥等国遭遇投资方面的"歧视"具有直接关系。在极度推广市场原理的以美国为首的西方国家的催促下，包括在本国经济产业界所施加的巨大压力下，在乌拉圭回合谈判中，日本加快了农产品贸易

---

① 此类补贴被认为不会影响农产品的价格，从而不会刺激生产。

的自由化。在乌拉圭农业协定中，与日本有关的农业内容主要有以下几方面。

第一，牛肉、柑橘等已经关税化了的农产品的关税率将继续下调。

第二，作为日本主要粮食的稻米在协定期间可以作为特例推迟关税化的进程。但是却为此设定了高于原则规定的最低稻米进口数量，即 MA。该数量每年都有一定比例的增幅。然而，该特例在实施中很困难，由每年进口的 MA 大米所带来的销售困难、库存持续大量增加都是日本政府难以应对的问题，而这些问题甚至使日本主动考虑不再坚持日本稻米的非关税化。

第三，除了稻米以外，农业协定将不允许日本在其他农产品种类上存在非关税化的例外，以前所有实行配额制等非关税保护措施的农产品将实现关税化，而且各种农产品的关税率也有不同程度的下调。

日本在农业领域的保护上作出以上让步，既有来自于贸易伙伴的压力，也有来自于本国产业界的巨大政治影响力压力。

5.3.2.2　食物自给率的快速下降

必须注意到，与工业化初期不同，在 20 世纪 70 年代中期以后，产业界要求本国开放农产品市场的原因不是食品价格问题，也不是食品加工企业的低价格原材料来源问题，而是为了规避贸易摩擦带给本国出口与对外投资的不利影响。在国内外压力下，农林水产品的进口限制品种迅速减少。与自由化率提高、进口增加相伴随的是食物自给率的快速下降。1960 年时高达 83％的谷物自给率，到 1970 年已降到 46％，1975 年进一步降低到 40％。以热量为基础的食物自给率同样下降很快，1970 年时为 60％，此后一路下滑，至 20 世纪 90 年代末已下降到 40％。于 1999 年推出的《食品·农业·农村基本法》（新基本法）也没能扭转颓势，2010 年的自给率甚至下降到 40％以下。日本农业的情况在发达国家中是罕见的，20 世纪 70 年代以后到 21 世纪初，不必说美、法等粮食出口大国，即使是其他的西欧发达国家，其按照谷物和热量计算的自给率都逐步上升到接近 100％或远超 100％的水平。而迅速成长为经济大国的日本则是一个例外。就谷物自给率来看，日本在 175 个国家中排名在 130 以后，在 OECD 的 30 个国家中排在第 29 名。

除了自由化率导致的进口增多以外，一个与食物自给率下降相伴生的现象是，自 1984 年以后，以农业生产指数来表示的日本农业生产开始急速下降，从 1985 年至 2005 年约下降 20％。[①] 也就是说，在食物自给率下降的同时，日本的农业生产也渐趋萎缩。日本农业绝对生产下降的大背景是这个阶段日本的经济结构和经济政策在开放的层面发生了重大变化。这个急剧变化的开端从

---

① T. KATO。

1985 年的广场协议开始。在此期间，由于与贸易伙伴（主要是美国）的贸易摩擦日益加剧，日本不得不构建更加开放和协调的经济结构。1986 年的《前川报告》提出了美日间的贸易摩擦是无法只依靠汇率调整而解决的观点，日本的经济结构应从依赖外需型转变为内需主导型。而这种转变的主要原则被确定为以市场原理为基础，以全球化的视角来推进市场的准入并放宽国际贸易限制。具体体现在农业方面，则是对于国内国际价格差较大的农产品品种要以扩大进口的方式来减小这种价格扭曲。从 1985 年起，日本大幅地增加了牛肉、柑橘等产品的进口。而进入 20 世纪 90 年代，作为《农业基本法》框架下的选择性扩大对象的这两类产品实现了完全的自由化。在加入 WTO 以后，日本的农业政策，甚至是农业自身都限制在 WTO 农业协定的规则中，在农地改革制度基础上形成的日本农业和农业政策的结构不得不再次遵循市场原理和比较优势主义来重新建构。在 WTO 框架下，由于进口稻米的增加，日本政府实施了稻米生产的调整，减少的幅度很大：1989 年为 90 万亩，1991 年减至 85 万亩，1997 年进一步减少到 68 万亩。可以说，每年都在增加的 MA 大米的进口是日本稻米生产萎缩很快的重要原因。由于稻米已经受限于 WTO 的框架中，而且在进入 21 世纪后，日本还面临着融合于区域经济一体化的格局中。所以，作为日本农业最大宗的产品，无论其总量还是比重都有可能进一步降低。

表 5—4　　　　　　　　　日本农产品的自给率和进口量

〔括号内是进口量（万 t）〕%

项目		1955	1960	1965	1970	1975	1980	1985	1990	1995	1997	2000
主要农产品的自给率	大米	109	102	95	106	110	100	107	100	103	99	95
	小麦	41 (266)	39 (265)	28 (352)	9 (461)	4 (571)	10 (567)	14 (550)	15 (546)	7 (560)	9 (598)	11
	杂粮		21 (152)	5 (356)	1 (601)	1 (745)	(1282)	(1421)	(1600)	(1597)	(1607)	
	大豆	41 (77)	28 (107)	11 (186)	4 (323)	4 (332)	4 (441)	5 (492)	5 (467)	2 (482)	3 (505)	1 (560)
	肉类	100 (0.1)	91 (4)	90 (12)	89 (23)	78 (74)	82 (75)	82 (85)	71 (150)	58 (198)	57 (237)	52
	热量自给率			73	61	55	54	52	48	43	42	40
	谷物自给率		89	80	74	68	68	68	65	63	60	
	主食＋饲料自给率	89	84	62	46	40	33	31	30	30	28	28

注：1. 根据农林水产省《农林水产统计便览》整理。

2. 杂粮主要指玉米。

3. 自给率的计算方法：主要农产品的自给率＝国内产量/国内消费量×100％（按重量计算）；主食用谷物自给率计算时，扣除了大米、小麦、大麦、黑麦中用于饲料的部分；供给热量自给率＝国内供给热量/国内供给热量总量×100％（按照热量计算）；针对畜产品，是考虑了饲料自给率后算出的。

2000 年，日本政府不得不提出"多样性农业共存"，以保证粮食安全和农业的多功能性。从日本政府提出使日本农业存在于多样性中可以看出，日本农业的危机在逐渐深化。极低的食物自给率表明，在基本的产业职能层面，日本的农业也存在很严重的问题。在 WTO 及 FTA/EPA 框架下，日本怎样才能保证自身的粮食安全是一个重要的课题，难度极大。在 2000 年推出的《粮食·农业·农村基本计划》（新基本法）框架下，日本政府曾提出在 2010 年将粮食自给率提升到 45％。但如上所述，届时日本的粮食自给率已经下跌至不足 40％。

5.3.2.3　新贸易政策导向与日本农业的存在问题

进入 21 世纪后，在深化区域经济一体化的背景下，日本不得不面对 WTO 框架之外更加严厉的约束，其农业的存在甚至是一个问题。[①] 近几年，日本的贸易政策发生了重大转变，从坚持 WTO 框架下的多边贸易体系转向热心于与亚洲各国缔结自由贸易协定（FTA）与经济合作协定（EPA）。[②] 目前，取代进展缓慢的 WTO，转而通过 FTA/EPA 追求更纯粹的区域贸易自由化成为其主流选择。日本已经启动了日、澳 EPA 谈判，而且日美、日欧的谈判也已经在准备中。出于对本国农业缺乏国际竞争力的考虑，日本在进行 FTA/EPA 谈判过程中持有的态度并不积极。日本推行 FTA/EPA 政策的最主要目的是出口工业产品，使分布于亚洲各国的生产网络连接得更加紧密。作为回报，东亚区域各国（广义上还包括澳大利亚）要求日本政府放松对农业的保护，进一步扩大对农产品的进口。与 WTO 框架下不同，FTA/EPA 原则上要求缔结国在合理的时间内事实上废除所有贸易壁垒，而这将给日本农业带来重大打击。例如，对日本已经启动的日、澳 EPA 谈判的影响，农林水产省做了估算：日、澳 EPA 将使日本的食物自给率下降到 30％，如果取消包括关税在内的贸易保护措施将使其进一步下降至 12％。区域贸易自由化将使日本的农

---

① 谢剑锋：《东亚 FTA/EPA 推动下的日本农业政策演变：基于利益集团博弈的视角》，《世界经济与政治论坛》2013 年第 1 期，第 140～149 页。

② 富景筠：《日本自贸区政策的演变：基于利益集团动态博弈的视角》，《国际经济评论》2011 年第 4 期，第 154 页。

业趋于消亡，只有不便于运输的蔬菜和某些种类的水果的生产能够维持下来。

　　T. KATO（2009）的研究显示，在日本人的热量中，来自稻米的供给量与食物自给率是正相关的。这意味着，日本政府采取的"减反"等鼓励米农转作的国内农业政策、必须接受 MA 最低进口稻米限量的贸易政策，甚至包括日本人饮食习惯的改变（由主食基本依赖大米转向依赖包括小麦在内的多种主食，包括更多的在外就餐等）等因素都不利于自身食物自给率的提高。从日本食物自给率的变化趋势上看，其今后的农业生产与粮食安全的前景是不容乐观的。在 20 世纪 60 年代，即日本刚刚解决食品缺乏问题后，其食物自给率与其他土地资源禀赋不高的发达国家相比甚至占有优势，如与当时的英国和德国比较。但是，在接下来的 45 年中，日本的食物自给率在主要发达国家之中下降极为迅速，并成为人口超过 1 亿的国家中最低的一个。工业经济的高速增长降低了日本农业的比较优势，使日本的农业成为国际贸易开放环境下的劣势产业。这成为成功的工业化导致农业衰落的宏观上的发展基础。同时，经济的高速增长也必然地改变了日本人的饮食结构——对外来农产品需求增多也带来另一个工业经济高度发展引致的结果——由于技术密集型产品在国际贸易中表现得极为成功，所以日元的汇率急剧升值。饮食结构的改变使日本对食物的需求多元化，而由日元升值等因素造成的农产品进口成本相对下降使这种需求在很大程度上被引导向了国外的农产品。在工业经济高速增长过程中，由增长和发展带来的如以上所述的变化可以通过各种影响机制来削弱农业的比较优势。应该说，这是在工业化进程中的共性。这也可以解释为什么许多发达国家都会给予农业部门一定的补贴。但与日本不同的是，多数发达国家的补贴的作用是促进本国农产品以更低的价格出口。而这是使其食物自给率提高超过 100% 的原因之一。对日本来说，自身农业生产成本伴随工业化大幅上升是较以上所述影响因素更为根本的。为了避免农业比较优势过快丧失，农业必须在工业经济增长中得到充分的发展。由于初级农产品的差异性较小，这种发展在很大程度上体现在生产成本的降低。但是，相对于工业和服务业类产品，农业技术的应用更多是决定于禀赋条件的。例如，当劳动土地比例较高时，大型机械就自然不会被使用，从而高昂的人力成本也不会被解放出来。至少对于日本人最主要的食物稻米来说，生产结构没有得到很好的调整是其成本极高的重要原因。日本的食物自给率已经降至很低的水平。但是，如果稻米的生产无法维持下去的话，即使是这样低的水平也是难以保证的。

5.4 小结

战后日本的高速工业化使农业和工业的相对地位迅速转换，城市中大量资本的快速积累使劳动力的边际生产力急剧提高。当这种提高体现在工农的报酬差距上时，农业人口开始大量向城市转移。但是，这种转移最终却被证明是不彻底的。工业向农村地区的导入增加了农民获取兼业收入的机会。这在很大程度上取代了农业人口向城市的彻底转移。所以，虽然日本的农业生产早已实现现代化，具备了大规模生产的潜力，但由于离农受阻导致的资源禀赋①变化的相对停滞没有使这种潜力变为现实。促成农业人口离农需要农业制度的根本变革。但是，制度的变革需要与意识形态相匹配（速水佑次郎，2003，中译本），类似占领期的激烈农地制度变革已是不可重复的。在日本社会，保护对选举结果具有重要影响的兼业农户而不是提升脆弱的农业作为一种在政治上更有回报的方式被当局坚持下来，而高速工业化所导致的要素相对价格剧变也未给日本农地制度的根本变革留下足够的时间和空间。资源禀赋的变化动力（由工业化导致的劳动价格相对提高）——技术创新（节省劳动）——农业制度变革（结构调整的制度前提）——结构改良（农业经营规模扩大）——农业生产力增长（国际竞争力增强）的"诱致性变迁"路径在日本农村被阻断了，由此产生的是农业的萎缩和日本政府对农民的持续保护。就农业素质的层面看，保护使情况变得更糟。在日本的农村，富裕的农民与羸弱的农业共同存在。

作为世界上最发达的国家之一，日本农业问题显得独特，其中的原因是多元的。人多地少的自然禀赋条件固然是问题发生的逻辑起点，占领期内为建立自耕农体系而进行的零散化分割等人为因素也是问题出现的重要前提，而过快的工业化进程中的保护不当与结构调整不力则是更为根本性的原因。迅速拉大的城乡收入差距，客观上使完全依靠劳动力自由流动来弥合变得困难；而日本当局又情愿坚持一种在政治上极有回报的方式——一套利于获得兼业农户的选票，而基本不具备增强农业竞争力的农业保护政策体系。此外，战后日本的产业结构提升速度极快，只用了十几年的时间便完成了从以纺织工业为核心的产业结构到以新兴重化工业为核心的产业结构的转变。进入 20 世纪 70 年代，产业结构又迅速由重化工业转向技术集约化。② 由产业结构提升所实现的持续高

---

① 指农业劳动数量与耕地数量的比例。

② 徐平：《苦涩的日本：从赶超时代到后赶超时代》，北京大学出版社 2013 年版，第 73 页。

增长使保护政策实施的直接成本①处于国民经济所能承受的范围内。换句话说，经济的快速发展造成的工农不平衡使日本必须实施调整政策，而经济增长的成果又使日本有能力实施以高度保护为核心的调整政策。但是，农业保护政策的形成与演变毕竟是具体的政治过程。下一章将以利益集团博弈为视角分析日本农业保护政策的演变过程。

---

　　①　此处的直接成本区别于农业保护带来的间接成本——高度的农产品贸易管制带给对外出口和投资的负面影响是日本产业界难以承受的，日本在 20 世纪 80 年代末进入低增长阶段后更是如此。

第6章　利益集团博弈视角下日本农业保护政策的形成与演变

　　进入 21 世纪，日本的贸易政策发生了重大转变，从坚持 WTO 框架下的多边贸易体系转向热心于与亚洲各国缔结自由贸易协定（FTA）与经济合作协定（EPA）。① 日本推行 FTA/EPA 政策的最主要目的是出口工业产品，使分布于亚洲各国的生产网络连接得更加紧密。② 作为回报，亚洲各国要求日本政府放松对农业的保护，进一步扩大对农产品的进口。

　　但是，日本农业保护政策体系对脆弱的日本农业却是至关重要的。日本国民正面临着极低食物自给率而无法提高的困境。近年来，日本以热量为基础计算的综合食物自给率维持在接近 40％ 的水平，其中主食用谷物自给率基本为 60％，包含饲料在内的谷物全体的自给率则只有 28％ 左右。③ 从 20 世纪 70 年代以后到 21 世纪初，不必说美、法等粮食出口大国，就是其他的西欧国家，其按照热量和按照谷物计算的自给率都在逐步上升到接近 100％ 或超过 100％ 的水平，唯独日本是个例外。如此低的食物自给率在 OECD 国家中是极为罕见的。由于生产规模很小，日本农产品在国际竞争中没有优势。对农业进行保护，提高食物自给率已经成为现阶段日本农业政策的核心目标。为了农业集团的利益，日本政府采取的农业政策带来了巨大的资源浪费和经济效益损失。④ 由此导致了日本的现代大工业与农业的利益冲突，并外化为代表经济产业界利益的日本经济团体联合会（以下简称"经团联"）和代表农业部门利益的全国农业协同组合中央会（以下简称"农协"）两大利益集团的对抗。此外，农林

---

　　① 经济合作协定的外延比自由贸易协定更加宽泛，除货物贸易自由外，还包括服务贸易、投资、人员流动等方面，属于更高层次的区域一体化形式。行文中多使用 FTA/EPA 对此进行表述，也根据具体情况分别使用。

　　② ［日］田代洋一：《日本的形象与农业》，杨秀平译，中国农业出版社 2010 年版，第 6 页。

　　③ 杨秀平、刘合光：《低食物自给率下日本朝野的不安全感与应对措施》，《中国软科学》2009 第 8 期，第 47 页。

　　④ ［澳］基姆·安德森、［日］速水佑次郎：《农业保护的政治经济学》，人民出版社 1996 年版，第 72 页。

水产省和经济产业省等官僚部门既分别代表农业集团与产业界的利益，又有着自身的利益诉求。在这样的政策所形成的环境中，日本农业政策的制定已经超越了经济层面，可以说是政治市场中利益集团博弈的动态均衡，日本国内的利益集团在日本农业政策的形成中起到了重要的作用。

6.1　战后日本工农两部门的利益冲突与农业政策的变化

6.1.1　掠夺农业政策的展开与矛盾激化

日本在 1947 年以后推行的"倾斜生产方式"以煤炭、钢铁等基础工业生产为中心，目的是使产值跌落到只有战前（1935 年）的 40% 的工业生产能够得到恢复（晖峻众三，2010）。这种以低工资来确保企业利润的复兴方式的基础是大量农村过剩人口和低粮食价格政策。为了实现工业的发展，日本政府在价格、购销及财政等方面对农业采取了掠夺政策。占领期规定的生产者米价比全国平均大米生产成本还要低。强制收购价格在 1949 年达到最低。可以说，此时期的米价政策是极具掠夺性的。除了低米价、强购政策外，农业在经济复兴过程中还在财政方面遭到了掠夺。国税即所得税取代了战前的地租，继续成为农民难以承受的沉重负担。

此阶段的日本农业政策是当局在权衡作为工业载体的日本企业与广大农民的利益后制定和执行的。日本政府在当时以农民的利益为代价，采取以强制购米为代表的掠夺农业的政策，以确保企业的利润并促进工业的恢复，而农民成为双方博弈的受害者。在日本全境内发生的多起规模较大的抵抗交售稻米与反对重税的激烈斗争事件反映了当时利益冲突的剧烈程度。

6.1.2　工农的矛盾调和期

此时期从 1951 年缔结日美安保条约开始，历经 20 世纪 60 年代的经济高速增长期。在这一时期，日本的经济和农业都有很大的变化，农业政策的性质也发生了方向性的根本改变，由掠夺性转变为保护性。

这一时期又可细分为两个阶段。第一阶段从 1951 年缔结和平条约和日美安全保障条约开始，到 1955 年日本正式成为 GATT 成员国为止。实现"经济自立"是日本经济在这一阶段面临的核心任务。与经济自立政策相呼应，本阶段日本农业政策的根本目标是通过粮食增产以保障粮食自给。为了保障农民扩大再生产，特别是扩大水稻的生产，日本政府从 1952 年起推行提高收购大米价格的政策。这种价格政策大大刺激了农民的生产积极性，尤其是中上层农民的积极性（金明善，1996）。这一阶段，实施保护农民、刺激农业生产政策的主要原因其实是在贸易逆差的基本格局下，食物不足与外汇缺乏并存，农产品的大量进口制约了机械设备与原材料等重要产品的进口，影响了重化学工业的发展。由于上述原因，农业的发展成为重化学工业继续快速发展的重要前提，农业部门的利益与工业部门的利益出现了一致性。所以，可以认为，这个阶段的农业政策仍然是日本政府在优先考虑工业部门利益的背景下制定的。

第二阶段从 1955 年开始到 1965 年为止，是日本实现以新兴重化学工业为核心的经济高速增长阶段。该阶段，日本全面融入关贸总协定体制并与国际市场对接。在此阶段，日本的工业增长速度很快，而农业的部门间贸易条件并未得到改善。因此，20 世纪 50 年代农户的收入水平和生活标准均滞后于城市居民，日本农业的主要问题由"食品缺乏"转至"工农差距"。在这种形势下，农业政策的主要目标便从增加食品生产转向缩小城乡收入差别，1956 年的《新村建设计划》就是在此背景下推出的。进入 20 世纪 60 年代，城乡收入差距进一步扩大，农业劳动力外流加速。这些问题的存在推动了 1961 年《农业基本法》的颁布。尽管为结构调整作出了很大努力，但是由于工业生产率迅速而不均衡的提高，城乡收入差距仍然持续扩大。为此，农业团体组织了以农协为代表的院外政治活动以寻求政府对农产品价格的支持。20 世纪 60 年代，稻米的生产者价格大幅上涨到远高于国际价格的程度。1968 年，日本稻米的生产者价格与进口价格的差距已由 1960 年的不到 40％ 扩大到 120％。为实现收入公平而采取的提高农产品价格的政策给日本社会带来了巨大的资源浪费和经济效益损失。那么，为什么在 20 世纪 60 年代可以采取这种带来低效率的农业保护政策而在 20 世纪 50 年代却不可以呢？原因主要有以下两点：

第一，虽然农业人口在工业高速发展中有所下降，但选区的变化很小，农民选票的政治影响对自民党至关重要，而农业保护政策对农户选票具有很大的吸引力。

第二，与 20 世纪 50 年代相比，以稻米为主的农产品作为工资品的作用在下降。[①] 随着产业工人工资的急剧上涨和饮食结构的迅速改变，稻米在城市工人家庭消费支出中的比例也快速下降，到 20 世纪 60 年代中期已不足 5％。而且由于资本密集程度的提高及产业结构的提升，由生活费用的增加所导致的工资增长已经不再是影响日本工业产品国际竞争力的最重要因素。因此，产业界

---

① ［日］速水佑次郎：《日本农业保护政策探》，朱刚、蔡昉译，中国物价出版社 1993 年版，第 85 页。

发现，为拉拢农民，对抗当时的社会主义潮流，即使付出高食品价格的代价也是值得的。所以，在此阶段，产业界并没有反对对农业的高度保护。由此可见，三个利益攸关方——农户、产业界（以享有主导权的大企业为代表）与执政的自民党在此时农业政策变革的博弈中并没有发生重大的利益冲突，反而在很大程度上存在利益一致性。当时日本的农业保护政策已经可以认为是政治市场中各利益方动态博弈的均衡，对农业的保护与日本首先考虑控制产业界主导权的大企业利益的"企业国家"特征并不矛盾。认识到这一点，对于分析本阶段之后的日本农政也非常重要。

6.1.3　贸易管制与矛盾再次激化

1965 年，日本依靠积极的财政政策和越南战争带来的大量军需迅速地摆脱了战后严重的经济危机，进入了长达 5 年的"伊奘诺景气"时期。重化学工业大型企业的出口使日本贸易盈余快速增长，贸易收支实现了大量且稳定的顺差。同时，美国民用工业的国际竞争力不断减弱，美日的贸易摩擦开始加剧。在来自农产品出口大国美国的外压与要求扩大出口的日本企业界的内压下，日本对农产品的国境保护开始动摇，从而加速了农产品的贸易自由化。农产品的进口限制品种从 1966 年的 73 个减少到 1974 年的 22 个。1970 年时，日本的年进口小麦量已经占到世界进口量的 10%，其中超过 50% 来自美国。1960年，日本高达 83% 的谷物自给率一路下滑至 20 世纪 80 年代中期的不到 40%。

这一阶段，农业政策的变化动力与以往具有本质的不同。随着日本经济的发展，工商企业界与农民阶层关于食品价格的矛盾本已渐趋缓和。但是，作为外向型经济大国，日本对农业的高度保护招致了以美国为首的其他国家的不满。为了维护日本产业界在国际市场的利益，同时也为了缓解高度保护带给日本政府的财政压力，日本政府实施了包括大米生产调整在内的一系列农业政策变革。可见，由于外部因素的作用，产业界与农民的利益再次对立起来，并形成了经团联和农协两大利益代表集团。此外，作为政治集团的农林水产省和经济产业省等官僚部门也有自身的利益诉求。日本的农业政策改革就是在几大利益方的博弈中进行，达成均衡并不断调整的。自 1986 年 GATT 乌拉圭回合谈判开始到 1995 年 WTO 成立，一直到近年来的 FTA/EPA 谈判，日本农业政策发生了重要的变化。以下将以利益集团博弈的视角来分析开放层面上日本农业政策的演变。

6.2　WTO（GATT）与 FTA/EPA 框架下的利益集团博弈与日本农业政策改革

6.2.1　各相关利益集团的政策立场分析

在日本国内，在农业保护方面存在两个主要的利益攸关方：农户和产业界。农户是农业改革的反对派，农协代表农户的利益进行院外政治活动。作为参加自贸区谈判的四个政府部门之一，农林水产省除了要考虑来自农业利益方的诉求外，也要顾及自身部门的利益，因为农业政策的改变将直接影响到农林预算数量甚至本部门的存在状态。产业界是极力主张进行彻底的农业政策改革的一方，经团联则作为日本产业界的代表进行交涉与谈判。为了维护企业的海外利益，经团联为推动 FTA/EPA 进行积极的政治游说。经济产业省代表产业界的利益，其推动 FTA/EPA 的目的是为拥有国际生产、销售网络的企业提供政策支持。各利益集团在是否应该坚持食物自给率目标、是否在政策支持上区别对待专业农户和兼业农户等核心问题上存在严重分歧。

农协将保证食物自给率作为院外活动的口号之一，并认为其应成为政策目标。而且农协要求扩大享受非特定产品直接补贴的农户的范围，认为骨干农户①的认定不应只限于专业农户。对扩大补贴范围的坚持实际上是在为兼业农户争取利益。在日本农村，兼业农户的扩张具有重要的政治意义，兼业农业的发展可以防止支持农业集团的农业人口和选票数量的减少，有助于加强农协的政治力量。而且兼业农户也是农协的经济基础，由于不愿多花费精力来提高农业生产率，兼业农户很自然地非常支持农业保护政策，从而成为农协政治活动的坚定拥护者。所以，在维护兼业农户的利益方面，农协不会轻易让步。

由于农业保护最可能损害出口产业的利益，因而经团联强烈要求通过 FTA/EPA实施彻底的自由化，并打算将其作为外部的压力加以利用，以迫使农业结构改革和"平成农地改革"得以实施。经团联认为，兼业农户因为期待土地被征用而滞留于农业是农业结构改革进展缓慢的根本原因，所以强烈要求缩小骨干农户的范围，并大力培育专业农户。经团联既不赞成将保证一定的食物自给率作为政策目标，也反对扩大享受补贴的农户范围。对于日本国内争论的焦点——食物自给率，经团联认为只要完备有事法制就没有必要被约束于提

---

① 在日本，骨干农户的标准是：都府县的经营面积为 4 公顷，北海道为 10 公顷，特定农业团体等的村落营农为 20 公顷。

高食物自给率。

农林水产省与经济产业省在东亚 FTA/EPA 谈判中关于农业部门是否开放立场不一致。农林水产省坚持在 WTO 框架下讨论农产品的关税问题，而不是在 FTA/EPA 谈判中进一步涉及关税减免。对日本已经启动的日、澳 EPA 谈判的影响，农林水产省做了估算：日、澳 EPA 将使食物自给率下降到 30％，如果取消包括关税在内的国境保护措施将使其进一步下降至 12％。食物自给率的下降将使食物保障依赖海外。这将极大降低农林水产省在国内的政治影响力，而由自给率下降引致的国内农产品生产的减少也将使农林预算遭到削减。所以，农林水产省始终肯定保持一定的食物自给率的政策目标。为了与 WTO 的原则相一致，农林水产省在《稳定骨干经营新法》中使用的说法是"有助于确保稳定地向国民提供食物"。出于对自身部门利益的考虑，以及对农村现实和农协的妥协，农林水产省倾向于扩大农业骨干范围。这一立场与经济产业省完全对立。经济产业省认同的是，日本以贸易立国，所以农业保护不应以牺牲本国企业的出口及海外利益为代价，提高农业的劳动生产率才是解决日本农业生存问题的根本途径。而这需要积极的农业结构改革，在农业生产主体调整的层面上则是培育骨干农户，使兼业农户逐渐离农。

6.2.2　WTO（GATT）框架下农业集团的强势与农业政策调整的艰难

由于工业劳动生产率迅速而不均衡地提高，而农业劳动生产率的增长相对落后，日本政府实施了一系列针对农产品的价格支持政策及农业生产补贴政策。同时，为了防止国外低价格农产品的涌入使价格政策难以为继，需要配额、关税等国境政策措施作为补充。

然而，随着国际贸易自由化的深入，农产品市场保护所带来的问题也日趋凸显。特别是 20 世纪 70 年代后，农产品保护逐渐成为日本国内食品工业发展和工业产品出口的障碍。1979 年，经团联在内部成立了相关企业实务家级的农业问题研究会，并在 1979 年 10 月第六次会议上，将生产过剩、财政负担、国家安全、大米等问题的相关论点整理成册后，向农业问题恳谈会特别研讨会提交了该总结报告（张云，2011）。1982 年，由经团联设立的农政部会向政府提交了名为《我国农业，农政今后的发展》的建议书。建议书提出，日本农业需要摆脱对补贴的依赖，为此应改变补助金制度、扩大农业经营规模及重视消费者利益等政策性建议。经团联的政治攻势激化了其与农协的矛盾。1984 年，在农协的引导下，北海道农民联盟爆发了"春斗运动"，并很快发展成对索尼等大企业的抵制。在此情况下，经团联暂时向农协妥协。必须认识到的是，在农协与经团联的博弈中，消费者团体的态度是不利于经团联的。由于日本经济的高速发展，即使是作为主食的大米的消费额所占家庭收入的比重也是极小的。所以，消费者并不愿意花费时间和成本组织起来抵制高农产品价格，反而出于对食品安全和维护粮食自给率的考虑在很大程度上支持农业保护。20 世纪 80 年代，由日美贸易摩擦加剧而产生的"外压"推动了经团联进一步反对农业保护。1985 年 9 月广场协议后，美国进一步对日本的国内市场开放和内需扩大进行了约束，并同时发表了"新贸易政策"，针对外国不公正的贸易管理采取报复措施。为了不使与美国的贸易摩擦升级，日本也于次年发布了旨在推进包括农产品在内的市场开放的国际公约，通称"前川报告"，并几乎同步发表了针对农产品、食品的市场开放的农业行政基本方针。在此背景下，日本经团联会长稻山嘉宽在审阅要求政府实现农产品自由化的意见书时再次表达了一定要推进农产品自由化的决心。但是，鉴于以往出现过的农协抵制的情况，稻山也强调在自由化进程中将大米和小麦除外的可能性。最终，以削减关税、简化国内贸易相关法规、废除对 23 种商品的进口限制为主要内容的经团联的意见书被呈送给了政府。虽然这份意见书中包括了将大米和小麦排除除外的内容，但是仍然引发了农协和农民的强烈抗议，并演化成为所谓的"大手町战争"。最后，再次以产业界的妥协而告一段落。

从 20 世纪 70 年代末至 90 年代初，在日本农业利益与工业利益的对立中，经团联在与农协的博弈中基本处于下风，从 GATT 乌拉圭回合开始（1986）到 WTO（1995）成立，以对美国为中心的国际协调路线在农业政策中的贯彻很艰难。美国一方面敦促日本的大米贸易自由化，一方面要求撤销牛肉和柑橘的进口配额制。在内部与外部的压力下，日本政府既鼓励水田的休耕，致力于提高小麦、大豆等作物的种植面积与自给率，并为此大量支付奖金与补贴以安抚农业集团，又不得不于 1984 年大幅增加牛肉、柑橘的进口，并于 1991 年完全实现了这两类产品的自由化来迎合美国。在基本法农政下，牛肉和柑橘两大门类的农产品与小麦、大豆等同样是选择性扩大的对象。可见，此时期日本的农业政策变化已显现出矛盾性。在受到国内农协、农民要求保护，而国外和经团联等其他利益团体要求开放的双重压力时，并且在考虑到财政负担的情况下，国境政策与价格支持政策在执行中困难重重，日本政府开始重视结构调整政策，为推动经营规模扩大、降低农业生产成本而进行骨干农户的培育。农业行政审议会的《80 年代的农业行政基本方向》与《关于推进〈80 年代农业行政基本方向〉的报告》都强调了将农业政策的重点置于结构调整政策上的必要性。

6.2.3　东亚 FTA/EPA 推动下的博弈形势变化与农业政策改革

各利益集团博弈的转折点出现在 20 世纪 90 年代后期，以经团联为代表的经济界要求日本政府以积极的姿态面对东亚地区合作。东亚地区合作最重要的表现形式是自由贸易协定，而日本对农业的保护已经严重影响到自贸协定的缔结。在经历了与韩国的谈判失败后，经团联于 2003 年向日本政府提交了加快与东盟进行自由贸易协定谈判的提议。对于以贸易立国的日本来说，企业的国际竞争力至关重要，应积极地参与东亚地区一体化并缔结 FTA/EPA 在日本国内逐渐形成共识。农协与农林水产省已经认识到，FTA/EPA 缔结困难已经被日本公众认为是损害了国家利益，一味地要求加强对农业进行保护已经不太现实。在中国与东盟签订自由贸易协定后，日本产业界更是把市场开放提高到国家战略的高度来对待。经济产业省还将不能缔结自由贸易协定造成的国内其他产业的损失进行了量化。根据计算，如果日本不与东盟缔结自由贸易协定的话，那么国内产业将损失 37 亿美元，3.2 万人将失去工作机会。2004 年 12 月，日本内阁通过了积极推进以缔结自由贸易协定为核心的经济合作协定谈判的决议，农协与农林水产省所倡导的单纯保护农业论逐渐失去了合法性。在外部压力支持下，以经团联为代表的经济界开始对农协的多方面反击，除了针对兼业农户的保护外，还包括对农协经营内容的否定。经济界认为，农协所具有的综合性和系统性是妨碍日本企业进入农村市场的一大障碍。对于农协免于适用反垄断法及其金融机构可以兼营其他行业，经济界也颇为诟病。在此不利形势下，农林水产省和农协不得不改变态度，对经济合作协定与农业改革表示支持。2004 年，农协发表了《农协关于自由贸易协定基本立场的文件》，对日本参与东亚地区合作给予肯定，并表达了农协将对此提供支持的积极态度。但在对农业改革表示支持的同时，农林水产省和农协仍然用更为策略的迂回方式来捍卫本部门的立场——从单纯地要求对农业进行保护转而强调农业所具有的多功能性和以提高食物自给率为核心的粮食安全保障。作为对经济界量化不缔结自由贸易协定所带来损失的回击，农林水产省也对在东亚范围内缔结 FTA/EPA 对农业带来的潜在威胁进行了评估：粮食的大量进口将导致农业产值减少 42%、食物自给率下降至 12%，而农业的相应萎缩将导致 375 万人失业。可见，农林水产省维持本部门地位的努力没有改变。而农协以提高食物自给率为名力图扩大农业骨干范围，从而保护兼业农户的想法也没有发生变化。

但是，面对农产品问题渐趋成为日本缔结 FTA/EPA 的主要障碍并影响到日本企业的海外利益，农林水产省也不得不根据形势需要来调整对策。一些具有国际化倾向的国会议员的劝说和施压也迫使农林水产省在策略上进行改变。2004 年 11 月，农林水产省的新指导方针《绿色亚洲——经济伙伴协议促进战略》出台，其中表示了支持签订 EPA 的意愿。农林水产省试图通过强调扩大农产品出口、保证食品安全把自己部门的利益融入新一轮的 FTA/EPA 谈判中去（富景筠，2011）。从《食物、农业、农村基本法》对本国农产品的流通环节的高度重视可以看出，农林水产省对在生产阶段提升竞争力与继续高强度的农业保护政策已经信心不足。2005 年 10 月，农林水产省修订的《食物、农业、农村基本法》中的"稳定经营收入对策等大纲"公布。大纲中限定只对"骨干农户"实施日本式的直接补贴政策。日本式农业直接补贴政策的特点体现在非特定性上，即充分考虑了 FTA/EPA 所要求的不刺激生产。由于不刺激农业生产与提高自给率本身存在矛盾，所以这是农业保护政策在贸易政策前的妥协。2009 年，民主党上台后推出了新的农户收入补贴制度，并从 2010 年开始实施。迫于农协的要求，该制度虽然把落实国家农业生产计划的所有农户都纳入补贴的范围，但对骨干农户增加额外补贴，实际上对骨干农户的补贴标准要远高于兼业农户。这种差别式的补贴制度也体现了日本政府将农业政策改革的重点置于结构调整的决心。

6.3　日本利益集团影响农业政策形成的理论解释

如前文所述，农协、经团联等利益集团博弈的结果在日本农业政策的形成与变革中起到了重要的作用。本部分将依据利益集团理论，对日本农协、经团联等利益集团的性质、行为方式特点、各阶段的利益冲突与博弈结果作出理论解释与分析。

6.3.1　农协等利益集团的性质与行为方式特点

第二次世界大战结束后，大规模的饥饿使许多日本人的生存成为问题。[1] 占领军总部和日本政府凭借前农业会的基础建立起农协，并利用该组织的力量集中生产食品和分配。与关于利益集团一旦建立起来就会一直存在，直到出现社会动荡为止的理论预测一致，[2] 农协作为日本农业的第一大组织，虽然经历了功能的调整和转换，但却一直存在并不断发展起来。统计显示，农协已经发

---

① Michael W. Donnelly, Political Management of Japan's Rice Economy, Ph. D. dissertation, Columbia University, 1978, pp. 311～364.

② ［美］曼瑟·奥尔森：《国家的兴衰：经济增长、滞涨和社会僵化》，李增刚译，上海世纪出版集团 2006 年版，第 38～42 页。

展成为拥有 30 多万职员、943 万会员（包括 400 多万非农业会员）的庞大组织。为什么作为超大规模的组织，农协却能够在利益受到威胁的时候高效地作出决策以回应呢？而这与关于大规模组织决策与执行相对缓慢的理论是不一致的，① 原因在于农协特殊的盈利方式。农协的业务覆盖范围很广泛，但其只在银行和保险两个领域获取巨额利润（同时利用其填补农业生产相关业务的亏空）。也就是说，只要有足够多的会员参与农协的银行和保险业务，农协就能够保证自身的经济利益并维持运转，而不需要利用组织内会员的捐献。所以，农协在决策与行动中并不需要像其他组织那样进行艰难的成员动员、分配捐献额度并争取达成内部一致等对行动效率构成阻碍的活动。此外，由于农业相对萎缩的速度很快，农业产值的比重下降到 1% 左右，致使农协成为一个典型的"分配集团"。② 农协积极为兼业农户争取有利的农业政策，包括提高农产品的关税水平、拒绝部分品种的关税化、扩大骨干农户范围并为农户争取更多补贴等。这些政策安排导致的直接损失是消费者要付出更高的价格，而日本政府也要为农业支出更多，其实质是农业集团将国民收入的更大份额划归本集团内部。由于其产值所占比例较小，所以即使在重新分配总收入份额的过程中，由于负面激励而造成社会总产品的减少，但对农业集团也仍是有利的。

相比之下，经团联在日本经济中占有非常重要的地位。经团联几乎囊括了日本所有代表性的大企业、行业团体与经济团体。经团联包括近八成在东京证券交易所第一部上市的大企业、130 余家制造业与服务行业等主要行业协会的全国团体及 40 多个地方经济团体。作为代表现代大工业的利益团体，经团联在日本经济中占据重要地位，是一个共容性集团，③ 其内部成员可以从日本政治与经济的稳定与繁荣中获取可观的利益，而即使在一定程度上出让一部分份额的情况下也是如此。相比农协而言，经团联在本质上决定其更具包容性。考虑到两大利益团体的性质与行为方式特点，并结合日本经济基本状况在不同时期的变化，可以在一定程度上解释二者的博弈结果与政策形成。

6.3.2　博弈结果与农业政策形成的分析

日本农协是一个经济影响力与政治影响力严重不成比例的分配集团，农协

---

① ［美］曼瑟·奥尔森：《集体行动的逻辑》，生活·读书·新知三联书店、上海人民出版社 1995 年版，第 80～86 页。

② 分配性集团，即在全社会中利益占比很小的集团。他们很少会为社会总体利益牺牲，而会通过获取社会产品的更大份额服务于成员利益。也被一些文献称作致力于"寻租"的组织。

③ 共容性集团，即利益占比很大的集团。与分配性集团相比，此种类型的组织更有动力考虑其决策对总体社会效率的影响。

在农村"集聚选票"的能力使其在农业政策的制定中有很大的话语权。从 20 世纪 50 年代中期其政策由掠夺农业向保护农业转向一直到 20 世纪 80 年代，日本的农业保护政策是维持在高水平的。① 如前文所述，此时期农协在与经团联的博弈中大多是以经团联妥协而告终。对于这样的结果，有两个层面的原因值得考虑。

第一，作为分配集团的农协和作为代表衰退产业利益的政府部门的农林水产省的激进性。农协代表着占农户总数 80％强的兼业农户的利益。兼业农户小规模、高成本的经营模式只有在高度的农业保护政策下才能持续。所以，兼业农户是农协院外政治活动的坚定支持者。同时，农协也利用农村选票的影响力来维护自身在金融与保险业务领域的特权。所以，对于缩小骨干农户补贴范围、削弱农产品保护国境政策等直接针对兼业农户的政策提议，农协是坚决反对的。作为致力于更多获取国民收入份额的分配集团，农协对于由此造成的激励扭曲而带来的国家总收入的间接损失是不会担心的。此外，作为代表衰退产业利益的政府部门，农林水产省面临着本部门地位降低、预算削减的困境。这是农林水产省消极应对农业政策改革的根本原因。在农业政策改革与 FTA/EPA 谈判中，除了与经济产业省立场不一致以外，农林水产省与财务省、外务省等政府部门均有一定程度的冲突。实质上，农林水产省与其他政府部门的利益冲突是日本社会中农民利益与社会利益不相容在政府层面上的延伸。

第二个原因是更深层次的，要结合日本经济发展的大背景考虑经团联、经济产业省等团体与政府部门对待农业政策的态度。从 20 世纪 50 年代中期开始贯穿整个 20 世纪 60 年代，日本以近 12％的年均增长率高速增长，并于 20 世纪 70 年代初成为世界经济总量第二的经济大国。自 20 世纪 70 年代起，增速下降，但是直到 20 世纪 80 年代中后期仍然维持着近 5％的年增长率（为同期美国的近 2 倍）。在战后日本经济的高速与稳定增长期里，经团联所代表的产业界获取了巨大的收益。经团联的一位资深人士曾明确指出："我们对自民党的支持，买的是一种不求回报的保险，这种保险就是自由市场经济。"② 而代表农业利益的农协恰恰为自民党获得选举胜利和长期执政提供支持。③ 在此时期，高度的农业保护政策并没有损害产业界的根本利益。产业界认为，为农业

---

① ［日］岩本纯明：《日本农业与农业政策的历史经验与今后的展望——以农业结构问题为核心》，《统筹城乡经济社会发展研究——中国农业经济学会 2004 年学术年会论文集》，2004 年 10 月 15～17 日，第 603 页。

② 张云：《日本的农业保护与东亚地区主义》，天津人民出版社 2011 年版。

③ 由于日本选区的划分有利于农村，从而出现了所谓的"一票各差"，因而农村选票的价值被抬高。

保护而作出的牺牲是维护其根本利益的必要成本。这是经团联等经济界团体在此时期对农协及农林水产省妥协的深层次原因。

然而，在东亚 FTA/EPA 的推动下，两大集团博弈的形势已呈现逆转趋势。20 世纪 80 年代中后期，为了保护被日本大企业蚕食着的制造业中枢，美国强迫日本进行包括农业在内的经济结构向对美协调型经济结构转变。而且在进入 20 世纪 90 年代后，日本经济告别了长期的稳定增长期，进入长期低迷期。作为共容性组织，经团联的成员无法再像以前那样从日本经济的快速增长中获得利益。可以说，日本经济产业界发展的国际和国内环境都相对恶化了，而这也是日本在 20 世纪 90 年代末积极参加东亚 FTA/EPA 的重要背景。2008 年全球金融危机导致世界经济衰退，外需严重不足再次给日本的外向型经济以重创，东亚区域甚至跨区域的经济合作战略显得更加重要。[①] 在区域一体化趋势面前，农协和农林水产省都不愿置身于日本国家利益的对立面上，转而表示支持农政改革和推进 FTA/EPA 谈判。近几年，农协和农林水产省立场的后退也表现在更多地通过强调粮食自给率、农业多功能性及保证就业等中性理由来影响农业政策的形成。

6.4　小结

战后日本农业政策的大方向在几个阶段经历过调整，每一次方向性转变都是由日本国家的根本利益为导向的，而阶段性的具体的政策的形成是通过利益集团间的博弈而完成的。战后初期，迅速实现经济复兴符合日本国家利益，日本在价格政策上和财政领域强行实施牺牲农业的政策。但是，随着日本经济的快速增长及粮食供求紧张局面的缓解，日本进入了基本法农政时代，《农业基本法》体现的农业政策的基本理念是提高农民的收入水平。就当时的情况而言，缩小农业劳动者与城市劳动者的巨大收入差距对于保证经济稳定发展与维护社会稳定是必要的，而且经济总量的快速提高与食物消费所占比例的降低也使得农业保护政策具备了可行性。在此后的很长时期里，日本经济的良好发展、经济界与日本整体利益的一致性共同决定了对待农业保护政策的宽容。贸易摩擦而导致的"外压"是主要的反农业保护政策力量的来源，而自发于日本国内的力量则相对不强。日本经济自 20 世纪 90 年代初进入长期低迷期。对产业界来说，对内加快国内结构改革和开放日本市场、对外加快 FTA/EPA 谈

---

① 安江、王厚双：《日本的东亚合作战略调整及其对中日经贸合作的影响》，《日本研究》2010 第 3 期，第 8 页。

判变得更加紧迫，而农业的掣肘使得农业利益和日本国家利益愈发背离。日本的农业政策与国家利益最终是要一致的，而农业利益与国家利益的共同点在于粮食安全，具体到政策层面上则是对食物自给率的坚持。长远来看，无论是从国内利益集团冲突还是从国际竞争角度分析，日本农业的开放都是不可避免的，自给率的保持一定是依靠降低农产品的生产成本而实现的。所以，日本的农业保护水平在未来将不断降低，日本的农业生产模式将通过更加开放的结构调整政策再次向促进农户"自立经营"① 转变。

---

① 日本于 20 世纪 60 年代初出台的《农业基本法》将自立营农作为农业政策的核心目标，即试图使农民通过主营农业而达到非农业者的收入水平，但因为户均土地狭小、农民大量兼业等原因而失败。

第7章 区域经济合作框架下日本的农业危机

7.1 区域经济合作的形式与特点

世界贸易组织（WTO）及其前身关税及贸易总协定（GATT）的根本宗旨是实现全球范围内的无差别消除关税以及非关税壁垒。但是，在世界范围内，由于各个国家和地区的经济发展阶段、国内经济政治体制甚至包括国家关系等差别很大，因而一致的、无差别的全球化一时难以实现。所以，WTO的关税贸易在第24条《关于物品贸易自由贸易协定》中作出了例外的规定，即如果能够在合理的时间内废除所有种类及条目的关税且不对其他国家提高贸易保护水平的话，那么作为例外原则，自由贸易协定（FTA）及经济合作协定（EPA）可以在WTO框架下作为非多边贸易自由化形式而存在。可以说，区域FTA/EPA在经济一体化的进程中渐趋主流是WTO的妥协，主要原因在于随着成员的增加，各国或地区的利益渐趋多元化，从而多边贸易谈判的难度不断加大。

在这样的背景下，自20世纪90年代后，依据WTO的例外原则，双边或地区FTA/EPA的数量大幅上升。1990年全球FTA的数量还只有37件，而到2010年左右已经突破220件，[1] 以FTA和EPA为主要形式的区域一体化已经成为世界贸易体系发展的重要趋势。

与WTO框架相比，自贸区和经济协定的内容和形式均比较灵活。

第一，与多边贸易谈判相比，双边贸易谈判的谈判对象较少，因而更易于协调彼此之间的利益。

第二，其内容更为丰富。除了贸易壁垒的削减和取缔外，投资自由、知识产权、政府采购等新型的谈判要素也可以在FTA/EPA框架下进行探讨。[2]

第三，自贸协定与经济合作协定等形式已经成为国家之间达到外交目的的

---

[1] http://www.maff.go.jp/j/kokusai/renkei/fta_kanren/pdf/1006genjo.pdf.

[2] 姜玮：《发展21世纪中日韩自贸区谈判》，《21世纪经济导报》2013年9月23日，第4版。

一种方式。但是，正是由于这个特点，该形式也易于受到国家之间关系好坏的影响。比如，日、韩自贸区谈判的搁置便与两国在历史问题认识上的分歧具有很大关系。

7.2 日本推进区域一体化的紧迫性

日本无论是之前在 WTO 有关贸易自由化的谈判中，还是后来在与美国关于 TPP、与澳大利亚关于 FTA 的谈判中，因为必须要考虑本国缺乏国际竞争力的农业的生存问题，所以一直以来对自由贸易协定、经济合作协定等区域一体化的态度并不十分积极。但是，国内经济环境的变化以及周边国家自贸协定的进程让日本面临着紧迫的压力。

以日、澳 EPA 为例，澳大利亚拥有令日本极为渴望的丰富资源，是日本很理想的自由贸易伙伴。但是，因为无意放开农业保护，致使日、澳的 EPA 谈判一直难以取得实质性的进展。澳大利亚是日本所需的煤炭、铁矿石等资源的主要出口国，同时也是日本在政治上的重要伙伴，澳大利亚国民具有很强的亲日性。所以，日本一直把澳大利亚作为双边自由贸易的主要对象之一。[①] 2005 年，日、澳双方进行 FTA 谈判并达成了一致。正式谈判开始于 2007 年 4 月，到目前为止已经超过 10 轮。日本着重强调农业的多样性与多功能性，并认为日本与澳大利亚在农业结构方面存在巨大的差异，而且澳大利亚的大部分农产品品种与日本的农业存在竞争性，因此力主对某些品种实行例外原则。但是，对于日本这样超过一亿人口的庞大的农产品市场，澳大利亚不肯放弃。如果放弃，对于自身来说，EPA 在很大程度上也就失去了意义。作为凯恩斯集团成员国，无论是在 WTO 谈判中，还是在日、澳 EPA 谈判中，澳大利亚对开放农产品市场的要求都带给日本很大压力。根据农林水产省的估算，如果农业没有作为例外而缔结日、澳 EPA 的话，日本农业将减产 8000 亿日元。所以，日本的农户、农林水产省议员、农业团体都强烈反对日、澳 EPA。但是，以保护农业为由抵制日、澳 EPA 的代价很可能是巨大的。例如，日本经济学家神门善久（2013）指出，如果中国在日本之前与澳大利亚签署 FTA 的话，后果很可能是日本会失去澳大利亚的优质煤炭、铁矿石，而且日本对澳的出口和投资也将遭受不利影响。

进入 21 世纪后，日本与一些东亚国家签订了自由贸易协定，但是在农业

---

① 刘昌黎：《日本 FTA/EPA 的新进展、问题及其对策》，《日本学刊》2009 年第 4 期，第 59 页。

方面却没有明显的突破。2002 年 1 月，日本与新加坡缔结了 EPA。这是日本的第一个自由贸易协定。双方能够缔结自由贸易协定的主要原因在于新加坡作为一个城市国家，并不会对日本的农业生产构成很大威胁。但即使是对几乎没有农业生产的新加坡，日本政府也仍然将农产品列入撤销关税的例外原则中，包括大米、小麦、猪肉、牛肉、乳制品、砂糖，一部分海产品等不在撤销关税和削减关税之列。这也反映出日本农业利益团体势力的强大。与此类似，日本与马来西亚、印尼、菲律宾等国的 FTA/EPA 中也将农产品进行了除外处理，被限种类之多在很大程度上超过了与新加坡的协定。

7.3　区域经济一体化进程对日本农业保护的压力

长期以来，包括日本在内的东亚地区国家并不热衷于 WTO 框架外的区域经济一体化的构建，对于地区或是双边的 FTA 等合作形式并不积极，而是更多地在多边贸易体制下开展对外经济活动。直到 20 世纪末，东亚地区缔结并真正生效的 FTA 只有签署于 1992 年的《东盟自由贸易区》协定，即 AFTA。与欧洲地区乃至北美等地区相比，东亚区域或双边经济合作的发展极度落后。但是，虽然起步较晚，东亚地区的经济合作进程却逐渐加快。

7.3.1　中国—东盟自贸区进程带给日本的压力

到目前为止，东亚地区已经或即将启动的自贸协定或经济合作协定已有逾 15 件。其中，对日本来说感到最为紧迫的是，中国在与东盟的合作进程中已经走在了日本的前面——中国与东盟自由贸易区协定的签署极为高效。2004 年 11 月，中国—东盟双方签订了《货物贸易协议》，规定自 2005 年 7 月起，除了将对 2004 年已经实施降税的"早期收获"（指当年 1 月份实施的减税协定中的内容）产品和少量的敏感产品以外，双方还将对约 7000 个税目的产品实施降税。短短 3 年后，双方又将合作的领域延伸至服务贸易领域。2007 年 1 月，中国—东盟双方签订了自贸区的《服务贸易协议》。2010 年 1 月，拥有 19 亿人口，GDP 接近 6 万亿美元，中国—东盟贸易区正式建立。中国与东盟合作的积极态度与显著成效从以下几个方面给日本以较大的压力。

第一，日本认为，中国在东亚的区域经济合作与外交中超过了日本。中国超越日本成为世界第二大经济体后，日本国内普遍感到紧张。而中国与东盟国家经济合作进程的加快，让曾经与东盟国家在经济和政治等方面有着密切关系的日本产生了更加切实的危机感。早在 2003 年，日本代表经济产业界利益的一大团体——经团联就指出，中国在区域经济中的地位不断加强，缔结一体化的合约也快于预期。对此，日本应采取积极的应对措施。当然，经团联此番表态的根本目的在于给以农业协同组合为首的日本农业利益团体施加更大的压力，但其观点也是被日本学术界、经济界和政界在很大程度上认同的。也就是说，这是日本国内比较具有普遍性和代表性的观点。例如，日本的《每日新闻》就曾指出，日本与东盟缔结 FTA 的步伐已经大大落后于中国。而如果日本国内不进行有效的改革，结局将会更差。① 而这种有效的改革，指的就是对农业领域进行没有"圣域"的调整和重构。与经济合作进程相伴随的是，在2003 年举行的"东盟 10+3"峰会上，中国作为第一个东盟以外的大国加入了TAC（东南亚友好条约）。这是一个标志性事件。由于印度也加入了 TAC，日本国内普遍担心中国、东盟和印度会成为亚洲的三极，而日本则不在其中。②

第二，担心中国在区域经济一体化的进程中同时成为东亚地区的主导者。日本国内的普遍担心是，中国要通过不断地加深地区经济合作建立以自身为主导的地区秩序。对日本来说，这种担心在中国加入《东南亚友好合作条约》后变得更加"现实"。《朝日新闻》也曾撰文称，由于日本受到日美同盟的羁绊，还不能够在更深程度上投入到东亚的安全保障合作中去，那么中国就可能在其中成为主导的角色。共同社认为，中国对待与东盟合作的积极态度是日本国内认为应该加快自贸区谈判的重要原因。中国在与东盟合作上领先于日本，并进一步着手与韩国的经济合作，也被认为是有意把握亚洲经济合作的主导权。

7.3.2 中、韩自贸区进程的加快引发日本的不安

中、日、韩自贸区的谈判本已于 2002 年 11 月就共同研究并达成了一致，但迄今尚无实质性的进展。

由于日本政府在历史问题，以及"购岛"等行为闹剧的拙劣表现，中日、韩日的政治和经贸关系都受到严重影响。然而，中、韩的经贸交往却在对日的疏远中进展很快。出席第十一次中韩经济部长会以的韩方代表、韩国企划财政部长官朴宰完表示希望尽快推动中、韩自由贸易区的进程。

中、韩自贸区的构想已经由来已久，自上世纪 80 年代，在区域经济合作兴起的时候，中日韩三国的学者便已经对中日韩自贸区的构建进行论证。但由于历史问题以及日本政府近些年的无理态度，这一构想难以取得进展。在此背景下，中韩希望借助两国间良好的经济政治关系，撇开日本因素，早一步建立FTA，进行更高层面的东亚区域经济合作。由于两国的经济合作显现出较大

---

① 每日新闻，2003 年 10 月 12 日。
② 张云：《日本的农业保护与东亚地区主义》，天津人民出版社 2011 年版，第 107 页。

的潜力，两国寻求机制性经济合作的基础已经具备。必须提到的是，韩国经济对中国市场非常依赖。据韩国产业研究院的调查，2010 年上半年，中、韩贸易在韩国克服经济危机中的贡献率达到 53％。[①] 中、韩自贸区的建设对日本很不利。原因在于中、日贸易和中、韩贸易的产品结构已经很相似，韩国机电产业、电子产业的快速发展对于日本的相应产业来说存在着很大的竞争性，削弱了日本产业相对的竞争力。可以预测，如果中、韩自贸区正式生效的话，日本的相关产品在中国市场上所占有的份额将大幅度减少。

除了历史问题以外，日本对待农业开放的问题也掣肘了日本参与中、日、韩自贸区的谈判。实际上，日、韩自贸区协定第六次谈判破裂的直接原因，就是日本在农产品市场开放方面没有满足韩国的要求。[②] 考虑到韩国的农业并没有很强的国际竞争力，从中可见日本在农业问题上的保守。

7.3.3　农业问题对日本参与 TPP 的制约

TPP（泛太平洋战略经济伙伴关系协定）本是在 2005 年 7 月由新加坡、新西兰、智利和文莱 4 个小国签署，并于 2006 年正式启动的自由贸易协定。由于协定中的国家规模很小，所以在当时并未得到重视。但是，随着 2009 年 11 月美国也加入了 TPP，包括日本在内的许多国家为此也表现出了积极的姿态。在 2010 年 3 月的墨尔本（第一次）谈判中，美国、澳大利亚、新加坡等 8 国探讨了 APEC 成员加入 TPP 的问题，谈判内容广泛，涉及建立互信、消除贸易壁垒、保护知识产权等众多内容。在 6 月、10 月及 12 月的谈判中，谈判内容进一步拓展，对包括工业产品、农产品、金融服务、知识产权、商务活动、竞争政策和政府采购等议题进行了讨论。

由于 TPP 影响的扩大和谈判进程的加快，韩国、墨西哥、加拿大等国都表示了准备参加的意向。由于日本的盟友美国参加了 TPP，对其推动不遗余力，且一些 APEC 成员也态度积极，所以日本出自经济、政治与外交等方面的考虑，对 TPP 也非常重视。在 2010 年 3 月的 TPP 谈判开始后，日本国内各界对 TPP 的关注度迅速上升，在《横滨愿景》中，着重强调以"10＋3"、"10＋6"和 TPP 等三个区域性合作机制为基础签订更加广泛、更具综合性的自贸协定。

---

① 张茉楠：《中韩自贸区进程加大油门》，《上海证券报》2012 年 9 月 20 日。
② 刘昌黎：《日韩自由贸易区的实质性进展与谈判旷日持久的迹象》，《东北亚论坛》2005 年第 5 期。

7.3.3.1 参加 TPP 对日本的意义

第一，日本要借助 TPP 扩大出口。TPP 是高端的 FTA，协定内的成员国需要在合理的时间内取消对所有贸易产品的壁垒，不存在例外。通过 TPP 推动亚太地区的自由贸易，对于日本的强势产业，如汽车产业、电气机械工业及很多出口产业是很大的利好——TPP 成员国的庞大市场将给此类企业带来显著的出口增长，从而增加生产，解决就业，进而促进低迷的日本经济增长。据统计，日本工矿类产品的关税率低于 TPP 的大多数成员国。其中，日本最为主要的出口产品——电气机器和运输机械的税率接近于零。由于大多数成员的相关产品税率高于日本，所以如果能够借助 TPP 实现此类产品的出口自由化，必然会促进日本机电类产品的出口。根据内阁府的估算，如果在 TPP 框架下实现贸易自由化后，由出口增长所带来的 GDP 增长将达到近 3 万亿日元。而如果被排除在 TPP 之外，到 2020 年，因出口受到替代而损失的 GDP 会达到10 万亿日元，将会损失约 80 万个就业岗位。因此，日本的经济界以经团联为代表不断地呼吁日本政府应该为加入 TPP 而努力。

第二，改善在 FTA/EPA 缔结中的落后状况。进入 21 世纪后，日本从坚持多边贸易体制渐渐转为热衷于缔结 FTA/EPA。但是，日本所签约的对象国的经济规模普遍较小，且对日的经济往来规模并不大。同时，日本与排名前几位的主要贸易伙伴，比如中国、美国及欧盟的自由贸易协定谈判都没有显著进展。此外，与澳大利亚的 EPA 谈判陷入僵局，与另一个农业大国新西兰的谈判甚至无法启动，与韩国的自贸区谈判也中断了多年。相比之下，韩国的进展则明显要快得多，不仅与东盟、欧洲自由贸易区（EFTA）及印度等国缔结了自贸协定，而且与美国、欧盟缔结了 FTA，与中国的谈判也进入了实质性阶段。韩美自贸协定和韩欧自贸协定的签署使日本经济界感到了危机，认为汽车、电器机械等出口工业受到韩国相关产业的威胁，从而催促日本政府加快TPP 的谈判，扭转贸易自由化落后的局面。

第三，倒逼农业改革，提高农业的国际竞争力。日本的农业生产因为规模很小、劳动力成本很高而无法分散，所以一直不具备国际竞争力，依靠贸易保护和财政补贴生存。而农业的短板也是日本无法积极参与各类自由贸易协定的主要原因。由于必须依赖极高的关税率来保护本国的农产品，所以日本在FTA/EPA 的签署时都坚决地将农业作为例外。这必然阻碍自由贸易谈判的进程。鉴于战后日本的改革都是在较大的外力下进行的（比如农地制度的变革），因此日本国内普遍认为参加无例外原则的 TPP 将迫使农业更加彻底地实现改革，确切地说是实现农业的结构改革。农业结构的调整既是贸易自由化的前提，也将是贸易自由化的结果。

第四，巩固日美同盟关系。在中国崛起、中日关系恶化的背景下，作为日本外交基轴的日美同盟显得更加重要。为此，日本希望通过加入 TPP 来巩固与美的同盟关系。而且美国是日本的第二大贸易伙伴，是日本的主要出口对象国之一。但是，因为农产品准入问题，日本与美国的 FTA 谈判没有取得实质性的进展。由于在 TPP 框架内，成员国间基本上都建立了多边或双边自由贸易关系，所以 TPP 的谈判也可以成为日本与美国 FTA 谈判的基础。

第五，谋求在亚太自贸区建设中发挥主导作用。日本提出要建设更加自由、开放的亚太地区贸易和投资环境，并把推进亚太自由贸易区（FTAAP）作为构建亚太共同体的重要路径。TPP 由于已经启动多年，并在美国的主导下进展迅速，所以大大领先于东亚自由贸易区（EAFTA）和东亚全面经济伙伴关系协定（CEPEA）。基于上述原因，日本将 TPP 视为实现亚太自由贸易的捷径。

7.3.3.2　农业成为日本加入 TPP 的最大障碍

对于日本经济重振，加入 TPP 是具有重要意义的。日本内阁府曾测算，成为 TPP 成员将会带动日本 GDP 增高 0.55%；代表经济界利益的经济产业省则指出，倘若被 TPP 排除在外，日本将失去 82 万个工作岗位，损失 10.5 万亿日元的 GDP。但是，农林水产省也对加入 TPP 后对日本农业的影响做了评估：损失 11.6 万亿日元，使 350 万日本农民失去工作机会。

事实上，在 TPP 谈判中，日本在农业保护上的立场已经让美国难以接受。2014 年 2 月 18 日，美国贸易代表弗勒曼在华盛顿发表演讲时称，日美围绕 TPP 开展的磋商并没有达到取得预期成果所必需的水平。[1] 他认为，日本在农业和汽车业领域的提案让美方无法接受。尤其是在农业方面，弗勒曼指出，日本在扩大开放农产品市场方面很重要，但在此领域双方的分歧非常严重。对于该问题，日本经济再生担当相甘利明表态，关于在 TPP 谈判中涉及的最关键的五种产品——大米、小麦、牛肉、猪肉和蔗糖等的关税问题，日本可能会提出适度让步的方案，但并不会完全取消关税。由于日本拒绝按照美国的要求取消五种关键农产品的关税，所以美国也没有如日本要求制定出取缔汽车关税的具体的时间。这使得美、日的谈判再度陷入僵局。

日本对待农业保护的态度影响了 TPP 谈判的进程，并增加了谈判破裂的风险。从而不可避免，对农业的保护再度招致经济界的反对和施压。日本经团联会长米仓弘昌于 2014 年 2 月举行记者招待会，就当时正在新加坡举行的

---

[1]　《美国贸易代表称难以接受日方 TPP 提案》，中国新闻网 2014 年 2 月 19 日。

TPP 谈判部长级会议表示，希望日本能够在相关领域适当让步，避免被其他谈判国认为日本对待谈判毫无诚意而导致破裂，米仓的意见直指五项农产品的关税保护。在随后进行的部长级会议未能达成基本协议。日本经济产业界对此很是不满，因为这意味着通过贸易自由化促进日本经济发展的构想难以实现，经济界强烈要求日本政府努力促成 TPP 协议达成。日本商工会议所主席三村明夫在会议后向媒体表示，对 TPP 谈判的步履维艰感到失望，希望能尽快达成协议。事实上，经济产业界深知在农产品撤销关税的问题上日美之间存在很大分歧，此次会议必然围绕该问题展开斗争。所以，经团联、经济同友会和日本商工会议所等代表经济界利益的三个重要团体在 2014 年 2 月 10 日向首相安倍晋三提交了一份建议书，要求首相作出所谓的"政治决断"，使日本能够摆脱既定的维持五种农产品关税的方针，以使谈判能够取得成功。一名大型企业的代表也认为，日本国内的市场规模有限，甚至还有萎缩的趋势，所以把握越南等亚洲新兴市场国家的需求非常重要，加入 TPP 可以创造更好的贸易和投资的环境。而且经团联会长米仓弘昌认为，TPP 的另一个意义是为实现包括中国、韩国、印度等在内的亚太自由贸易区（FTAAP）打下基础，所以绝不应该在 TPP 的谈判进程中失败。

在日本的 TPP 谈判中，农业问题依然是最大的障碍。早在 2013 年 8 月，日本自民党的 TPP 委员会在文莱举行的谈判时就曾表示，如果水稻、小麦、牛肉、猪肉、乳制品和糖类不能作为例外从关税取缔中被排除的话，那么日本将会退出谈判。在此基调下，安倍政权一定会考虑农业的安全因素，将以上五类项目的农产品列为关税废止以外的再协议对象。

由于日本在保留五种主要农产品的关税保护上很难退让，因此可以预见，其 TPP 的谈判可能会长期化，日本国内经济界势力与农业势力的博弈将影响谈判的走向和进程。在 TPP 谈判中，由于农业保护的掣肘，在整个谈判过程中，日本还将面临来自于中国的压力。

早在 2011 年年底，日本国内就为是否要加入 TPP 谈判而产生激烈的争论。以时任首相野田佳彦为首的内部主流势力积极主张加入 TPP 谈判。最终，野田于同年 11 月确认日本将加入谈判。问题是，相当一部分民主党力量以及党外众多政治势力的反对也很坚决，双方形成对抗的势态。在同年 11 月的 APEC 峰会上，野田佳彦与美国总统奥巴马会晤后，白宫曾发消息称野田愿意无例外地把所有种类的物品和服务都放在自由化框架内进行探讨。而日方则立刻对此回应称，野田所说的自由化是在顾忌到农业领域敏感产品的前提下，并要求美方进行更正。而美方则坚持认为己方的判断便是日本政府谈判的明确方向，并坚持自由化的谈判必须涵盖所有的物品和服务。可以说，野田对美国的谈判是不成功的，日本在此次 TPP 谈判中遭遇了挫折。但是，在安倍上台后，形势出现了一些变化。安倍于 2013 年 2 月访美，在日美首脑会谈后发表声明，确认日美双方将就日本加入 TPP 开启后续谈判。安倍在声明中表示，由于双方在涉及农产品的贸易时较难以处理，所以并不要求任何一方在得出谈判结果前对关税的取缔作出承诺。在美方承认农产品为较为敏感的谈判标的前提下，2013 年 3 月 15 日，安倍向外界宣布日本将加入 TPP 谈判。因为有前述美方的表态，日本对此次谈判本是较有把握的。然而，美日的分歧是由双方所指向的产品结构来决定的，是根本性的。日本试图保留关税的农产品有五种，而对于其中的三种——大米、小麦和糖，美国都是主要出口国。在两轮谈判过后，美方通商代表弗勒曼向日方担当大臣甘利明确认，美国政府依然要求日本撤销包括五类农产品在内的关税壁垒。

在日本大米的保护实现部分关税化以后，由于本国生产和国际上的巨大差异，针对大米的税率接近 800%。除了大米以外，其他的主要农产品也被设置了很高的税率予以保护。如果将壁垒撤销，日本的农业生产将难以维持，其存在将成为问题。除了农业自身的问题以外，自民党也将面临失去自 1955 年建党以来农民群体这个最大的"票田"的危险。可以说，自民党以牺牲农业发展为代价，在长达数十年的时间里保护了农民的利益，实现了较为安定的政治运营。即使当前农业产值占比已经下降至 1% 强，但是日本的农协仍然具有强大的能量，仍拥有 400 多万的正式会员，500 多万的准会员，共计近千万人。而以农协为代表的农业利益团体的态度非常明确——坚决反对日本加入 TPP。在 2013 年的参议院选举中，安倍曾经在是否取缔农产品关税问题上明确表示，要保护本国应该保护的领域，而不会违背对国民（主要指农业群体）的承诺。

必须强调的是，日本决意要加入 TPP 谈判有中国的因素在内。日本的一个重要目的是要和中国在亚太区域内抗衡，而这种目的的实现需要拉近与美国及 TPP 各成员国的关系。由于农业保护问题，日本在谈判中难以突破瓶颈。而同时，中国却明确表示有意参加 TPP 并加强亚太区域内的合作。这也带给日本很大的压力。虽然在 TPP 形成之初，中国由于没有得到邀请而置身于外，但是情况很有可能发生改变。在 2013 年习近平主席访美前夕，中国政府对 TPP 的态度有所改变。一年多来，商务部开始致力于研究 TPP 的规则与标准，从某种意义上可以说是在做着准备。在 2013 年中国—东盟博览会上，中国政府表示愿意在 TPP 框架下与东盟国家开展区域经济合作，在致力于全球贸易的同时积极促进区域贸易的发展。而于 2013 年建立上海自由贸易区则被解读为中国在为与 TPP 对接做铺垫性的工作。更为重要的是，与日本面临的困难不同，如果中国谋求加入 TPP 不会遭遇如日本农协这样强大的利益集团的阻挠，在谈判进程中应该能够更快地作出决断。

7.4　区域经济一体化框架下日本农业的生存问题

7.4.1　区域经济一体化和日本农业发展的矛盾

日本农业有一个根本的目标——提高食物自给率。由于日本致力于区域经济合作，所以日本的农业必须存在于区域经济合作的框架内。这是前提。

就食物自给率来说，日本较为近期的目标是达到45％。此目标本应在2010年实现，但随后落空。问题是，即使能够达到政府所制定的按热量来计算的45％的自给率，以日本当前的饮食习惯和农业生产为前提，人均也只有4669千焦。经过对比可以发现，这一数量尚不足每日人均的代谢量。所以，如果只是将自给率维持在这一水平的话，如果出现食物危机，那么日本人将无法正常地生活。对日本来说，除了食物自给率以外，农业的多功能性也是必须维护的。除了生产食物以外，农业还具有保全国土、环境，维系农村社会等多方面的功能。可以想象，如果日本的农业继续衰落的话，这些功能也都难以实现。

但是，上述目标与另一个目标，即日本农业必须存在于区域经济合作框架内是矛盾的。FTA/EPA是区域合作的主要模式，是成员国取消关税、多方面合作的协定。日本积极加入FIA/EPA的意图是使自身具有比较优势的工业产品能够更顺利地在区域内销售。但是，作为回报，区域内各国也要求日本相应地扩大农产品的进口。依这一逻辑分析，既然为实现区域经济一体化必然要扩大农产品的净进口量（日本农产品的出口量很小），在需求不变的前提下，日本本国的农业生产必然会被抑制，那么促进农业生产从而提高食物自给率与谋求加入区域经济一体化组织则是存在矛盾的。

对于日本来说，困难的是上述两个相互矛盾的目标都是重要的，是不可或缺的。由于在经济和外交上都依附于美国，所以在有美国加入的区域经济一体化组织（比如TPP）中，日本有必要参加。从另一个角度看，参加东亚区域内（广义上包括澳大利亚）的经济一体化组织又有助于日本在一定程度上摆脱对美国的过度依赖，比如对亚贸易额要超过对美贸易额。在当前情况下，如果日本通过加入FTA/EPA来推进与亚太地区国家的经济一体化，必然会陷入如何提高食物自给率的困境中。日本在推动FTA/EPA的过程中提出绿色亚洲EPA等战略，致力于扶助亚洲国家的食物安全和农业开发，试图以此来减轻这些国家对日本的农业出口压力。但是，问题的关键仍然是大量出口工业产品的经济结构中的弱质农业。

7.4.2　区域经济一体化对日本农业生产的影响与食物安全保障问题

参与区域经济合作是必要的。但是，如果合作的方式是无例外的，即对日本来说不考虑农业保护的话，那么对日本的农业将会具有极大的负面影响，甚至威胁其存在。

7.4.2.1　食物自给率与农业多功能性的维护问题

以日本已经启动，但谈判过程艰难的日、澳 EPA 为例，农林水产省对其影响做了大致的估算：日、澳 EPA 如果缔结，将使日本的食物自给率下降至30％，如果取消关税等所有国境保护措施的话将使日本的食物自给率降至12％。以此情况看，日本农业的多样性共存便无从谈起。食物自给率与农业产值大幅下降的背后是农业工作岗位的大量消失。因此，农业团体在几乎所有的FTA/EPA 谈判中都要求把农业作为例外。但是，在 FTA/EPA 的先例中，虽然关于个别种类的产品例外较普遍，但是把整个农业领域作为例外是没有过的。在 TPP 谈判中，即使日本提出的是五种产品而不是全部农产品，但也由于涵盖面太广而仍不被接受就是例证。

在 2010 年日本经济财政咨询会议的 EPA·农业 WG 上，农林水产省报告了如果国境措施（贸易管制）全部撤销将对国内食物供给和自给率产生的影响，以及自给率降低将对劳动雇佣、国民经济和区域经济产生的影响。具体是，农业生产总值将减少 42％，食物自给率下降到 12％以下，国内生产总值减少 1.8％，雇佣劳动力减少近 400 万人。

除了经济收益方面以外，农林水产省公布的一份资料中还包括其他方面的数据。如果因为加入 FTA/EPA 而放弃贸易管制的话，那么日本农作物的耕作面积将减少近 280 万公顷。这已经占到日本农业耕地的 50％以上。农地的大面积弃耕对农业多功能性是极大的削弱，如抵御洪水的功能将降至 33％，地下水源涵养和稳定河流水流状况功能将降至 10％，防止土壤侵蚀功能将降至 40％。[①] 农林水产省和农业协同组合在经济产业界的压力下，近几年倾向于拿出农业功能多样性、食物自给率、粮食安全、农村振兴之间相互联系与作用等理论作为抵抗区域经济一体化的认识基础。（具体可见图 7—1）

---

① ［日］田代洋一：《日本的形象与农业》，杨秀平译，中国农业出版社 2010 年版，第 45 页。

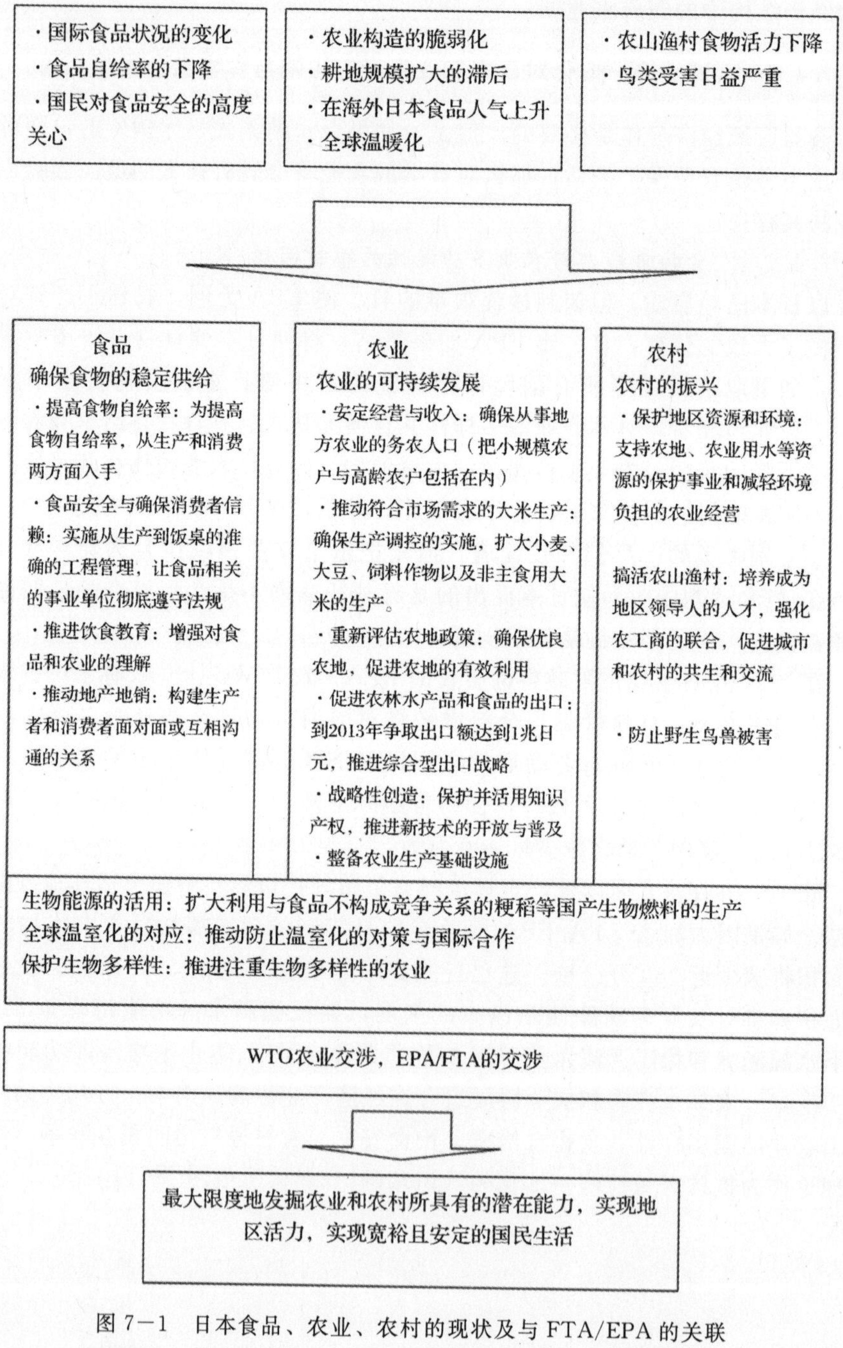

·国际食品状况的变化 ·食品自给率的下降 ·国民对食品安全的高度关心	·农业构造的脆弱化 ·耕地规模扩大的滞后 ·在海外日本食品人气上升 ·全球温暖化	·农山渔村食物活力下降 ·鸟类受害日益严重

食品 确保食物的稳定供给	农业 农业的可持续发展	农村 农村的振兴
·提高食物自给率：为提高食物自给率，从生产和消费两方面入手 ·食品安全与确保消费者信赖：实施从生产到饭桌的准确的工程管理，让食品相关的事业单位彻底遵守法规 ·推进饮食教育：增强对食品和农业的理解 ·推动地产地销：构建生产者和消费者面对面或互相沟通的关系	·安定经营与收入：确保从事地方农业的务农人口（把小规模农户与高龄农户包括在内） ·推动符合市场需求的大米生产：确保生产调控的实施，扩大小麦、大豆、饲料作物以及非主食用大米的生产。 ·重新评估农地政策：确保优良农地，促进农地的有效利用 ·促进农林水产品和食品的出口：到2013年争取出口额达到1兆日元，推进综合型出口战略 ·战略性创造：保护并活用知识产权，推进新技术的开放与普及 ·整备农业生产基础设施	·保护地区资源和环境：支持农地、农业用水等资源的保护事业和减轻环境负担的农业经营 搞活农山渔村：培养成为地区领导人的人才，强化农工商的联合，促进城市和农村的共生和交流 ·防止野生鸟兽被害

生物能源的活用：扩大利用与食品不构成竞争关系的粳稻等国产生物燃料的生产
全球温室化的对应：推动防止温室化的对策与国际合作
保护生物多样性：推进注重生物多样性的农业

WTO农业交涉，EPA/FTA的交涉

最大限度地发掘农业和农村所具有的潜在能力，实现地区活力，实现宽裕且安定的国民生活

图7-1 日本食品、农业、农村的现状及与FTA/EPA的关联
资料来源：农林水产省：《平成20年度食料·农业·农村白皮书》。

7.4.2.2　食物安全保障问题

如果由于食物自给率的下降而导致耕种面积大幅减少，并由此导致农业多功能性被破坏的话，带给日本的最紧迫问题便是国民的食物安全保障。在日本，确保食物来源是日本国民对本国农业最低水平的要求（至于农产品的高价格已经不是主要问题），对此问题的担忧也构成日本对农业进行高度保护的民意基础。

与提高食物自给率、最大限度地保证本土农业生产的想法相对立，在尽力融入区域经济一体化过程中，日本也存在着将国民的食物安全保障与食物自给相分离的观点。也就是认为，本国的食物（包括主食）供给可以依赖国外。该观点认为，在保有足够的库存并构建强有力的生产、流通体系的前提下，那么就不一定要受限于平常时期的自给率。① 可以说，此观点主要针对在日本"有事"时应该如何应对粮食缺乏问题，而将平常时期的食物来源问题置之度外。但是，战后初期食物几近断绝的经历给战败的日本国民留下了很重的心理负担，而欧洲国家致力于本国食物自给率的提高也使日本的大多数国民警醒。在日本国民看来，本土的农业生产至少应该保证主食的供应。这是食物安全保证程度的底线。

可以说，食物不能自给的国家是被动的。即使是在 WTO 框架下，允许粮食出口国在特殊状况下可以实施出口禁止的做法也说明其原则是以粮食出口国为本位的。在日本，更为普遍地被认同的是，粮食是国民生活中最基础的物资，而且在短期内迅速地增加供给是困难的。所以，必须保证稳定的食物供给来源。也就是说，该观点认为，相当一部分的食物来源还是应该依靠国内的生产来维持。而且在此观点的基础上，培育农业生产中的骨干农户等以农业生产结构调整为核心的生产领域方面的观念也被普遍地接受。

对日本来说，保障充分的食物安全与尽快地融入区域经济一体化是存在矛盾的，并且难以取舍。以日本农业当前的素质为前提，放弃农业保护几乎意味着放弃本土的农业生产，使农业陷于危机之中。而如果为了保护本土农业而迟迟无法加入 TPP 等对日本很重要的区域经济合作组织的话，在当前日本经济发展的大环境下，日本经济的未来并不乐观，日本将在一定程度上被区域内的主要贸易伙伴疏离。

在工业高速经济增长中，日本农民的利益与农业的发展分离了。正是由于这种分离，农业发展没有得到应有的重视及积极意义上的支持，日本农业生产

---

① 日本经济研究中心：《农业政策改革与今后的日本农业》，2005 年，第一章。

更多的是依靠消极的农业保护政策来维持。虽然作为高度发达的后工业化时代的国家，日本为保护农业所付出的直接经济成本并不是巨大的负担，但是真正的危机来源于更为彻底的开放形式所带给日本的压力。

第 8 章　启示与对策

日本作为一个后发展国家在战后的废墟中崛起，在经济高速发展、工业化与城市化进程加快的过程中控制了城乡差别和工农差距的拉大，较好地实现了均衡发展，保证了经济转型期的社会稳定。这是非常值得重视的经验。但是，日本虽然在兼顾高速发展和社会公平稳定方面取得了成功，其农业却没有在这一时期实现自立，日本拟通过结构政策、价格政策等综合措施实现规模化的目标并没有实现，日本农业至今仍面临着如何提高食物自给率和劳动生产率这一严峻问题。从不具备国际竞争力的事实看，日本农业可以说是失败的（加藤弘之，2008）。中、日两国的农业发展条件在多方面相似，而且从两国相对应的发展阶段来看，日本在高速工业化进程中处理农业问题的教训可以为我国现阶段提供重要的启发与警示。

8.1　启示与思考

8.1.1　农民农业利益分离与对农政策的两难

由于农村地区其他产业的导入与地区外就业机会的吸引，农民将会获得大量的农外就业机会。然而，在工业化、城镇化过程中，由于土地价格的上涨与农民农外就业的不稳定性，将土地作为资产保留以及规避风险的心理使农民普遍选择不放弃土地和农业，从而可能形成大规模的兼业群体。兼业化抑制了经营规模的扩大，使人力成本无法有效地分散。当人力成本由于经济社会的发展而快速提高时，其对总成本构成的影响将更加明显，无法达到适度规模与过度投入共同推高了农业生产的成本。如果以生产成本为标准来衡量农业发展的话，那么兼业化确实可能为农业的发展带来负面的影响。

兼业化迅速地提高了农民的收入水平和消费水平。但是，与欧美大型农场的兼业不同，小规模、低水平上的农户兼业却可能抑制农业的发展。也就是说，兼业化存在着使农民利益与农业产业自身发展相分离的风险。当农民的利益与农业发展发生分离甚至抵触时，对农政策的制定与选择便不可避免地陷入两难境地。例如，日本的大米生产在 20 世纪 70 年代初开始出现大量过剩。此后，日本政府为了平衡农业产出结构，减少过剩大米，推出了一系列鼓励转作的政策。但是，在以兼业农户为主体的农业利益集团不断通过院外政治活动向政府施压的政策制定背景下，提高米价与鼓励米农转作这两者实际上存在矛盾的政策同时出现了。在权衡转作与继续种米两种选择后，仍有大量农户坚持稻米生产，而且要求米价能够覆盖生产成本，以至于政策结果是稻米生产仍然存在过剩，而一些山地地区的农户甚至直接选择弃耕来享受转作的补贴待遇。在财政支出限制与区域经济一体化深化的内外双重压力下，日本政府已意识到，高强度的农业保护政策是难以为继的，农户经营主体的结构调整也是不可避免的。但是，在结构调整的最重要环节，即对"骨干农户"的身份认定与补贴范围的划分上，仍然受到以农协为代表、以兼业农户为主体的农业利益集团的影响，本应集中于骨干农户的补贴范围被扩大到几乎所有落实了国家农业生产计划的农户（其中大部分为兼业农户）。这在很大程度上影响了农业结构调整政策的效力。日本的经验揭示，当农民兼业化发展到一定程度，在农民利益与农业自身发展出现分离时，农民的利益诉求往往会被优先考虑。但是，这很可能要以牺牲农业自身素质为代价。

日本农民的收入与消费水平在 20 世纪 70 年代已经赶上甚至超过了城市居民，但日本的农业至今仍然面临着如何通过规模化来提高劳动生产率和食品自给率这一重大的产业层面问题。日本《农业基本法》拟通过提高劳动生产率、价格政策和结构政策调整等综合措施实现规模化的目标失败了，其教训足以警示中国农业：生产的规模化和专业化是大国农业发展的必由路径。当然，中、日不同的土地所有制度也使两国情况有一些区别。日本由于土地的私有性质使农户维护土地权利的成本较低，所以在经济发展过程中，农民对于土地的"粘连"（如兼业化）相对更容易出现（黄季焜，2008）。我国的耕地全部为公有，农民拥有的是 30 年的使用权（根据《物权法》，期满后可继续使用）。而且由于中国巨大的国土面积和人口分布相对分散，以致我国农民长距离迁移寻求非农就业的情况较为普遍（区别于日本农民通勤往返于城乡的模式），因而把外出打工农民的土地以村为单位归拢起来进行大规模生产的可能性确实提高了。不过，制度安排必须致力于强化外出打工农民的身份保障，对农户的支付制度也需要作出调整。否则出于对生活保障的考虑，很多农民是不愿意放弃土地的，那么农业结构的改善就难以进行。另外，在粮食流通上，要坚持不进行国家干预，避免日本在高增长阶段开始后农民对价格支持政策的长期依赖。坚持结构调整，一定要走农业产业化、农民专业化的道路。

8.1.2　开放环境下农业"生产权利"的维护问题

因为经营规模小，日本农业的劳动生产率并不高。但是，由于日本农业现代化的完善，所以日本的土地生产率很高。即使在完全放弃进口的极端假设下，日本国内的生产也可以为国民提供足够的热量。[①]只需要在一定程度上改变饮食结构即可（OECD，2009；田代洋一，2010）。也就是说，就绝对的生产能力而言，日本并不存在所谓的"农业危机"。但是，在开放的贸易环境中，在国外低成本农产品的冲击下，日本的农业生产已渐渐萎缩。正如上文的分析，对日本农业更严重的威胁来自于区域经济一体化进程。FTA/EPA 要求在合理的时间内实质上取缔包括农产品在内的所有产品的贸易壁垒，WTO 框架下尚允许存在的部分农产品的非关税壁垒将首当其冲。这意味着高成本的日本谷物类等非土地集约型农产品将受到严重威胁。在 FTA/EPA 框架下，如果耕种规模不能得到有效扩大的话，那么日本的农业将渐趋消亡，只有不便于运输的蔬菜、水果类和可以集中生产的饲养类可以维持下去（饲养业的绝大部分饲料仍然来自进口）。通过分析可以发现，日本农业危机的本质是开放背景下"生产权利"的丧失，而不是生产能力的绝对不足。这足以让我们以此视角再度审视中国农业的发展现状。粮食生产的连年增产只能说明我国现阶段的绝对生产能力没有问题，能够基本满足国民的需要。但是，由于国内农业、农户经营规模比较小，劳动力、生产资料价格近几年上涨较快以及我国对部分农产品实施保护性的收储政策等原因，我国某些重要的农产品价格已经大幅超越国际价格。以棉花为例，将我国棉花价格 A 指数[②]和代表国际棉价的 COTLOOK A 指数对比就会发现，自 2004 年以来我国棉价一直高于国际价格，且差距不断扩大，至 2011 年价差已达 7220 元/吨。大米的情况也与此近似，来自越南、巴基斯坦、缅甸等低收入国家的进口米价格是每 50 公斤 172元，而我国的平均价格为每 50 公斤 180～190 元，2012 年年度进口量已达到400～500 万吨。由于有最低价收购政策支撑，国内小麦价格也连年上涨。而国际小麦市场由于供应充裕，其价格持续走低。虽然需求增长驱动了粮食等大宗农产品净进口值的增加，但粮食"净进口"的最大动力还是来自于利益层面的力量——国内外农产品的价格差距仍在扩大。有一些农产品的进口不是因为国内短缺，而主要是因为价格原因。正如一位呼吁增发棉花配额的大型纺织企

---

①　例如，日本的主食稻米，在价格支持政策下存在长年过剩的问题。

②　A 指数由国家棉花市场监测系统对 200 家以上国内棉花及棉纺业实际成交价格和棉花企业的收购成本进行跟踪得出。A 代表 229 级皮棉。

业外贸负责人的看法：问题的关键不在于国内供需是否平衡，而是在于国内外巨大的价差（臧云鹏，2013）。近年来，我国的粮食进口量在快速上升。如果按照粮食包括谷物、豆类和薯类口径计算，我国 2012 年进口粮食 7237 万吨，占当年新增供给粮食（粮食总产量＋谷物进口量＋大豆进口量）的 10.9％。这表明，我国的粮食自给率已经下降到 90％以下。数据显示，2003 年以前，中国农产品基本上是出口规模超过进口规模，顺差在 20～60 亿美元之间。而到 2004 年，形势开始逆转。至 2012 年，我国农产品的贸易逆差为 492 亿美元，8 年间增长了近 10 倍。

在人均收入快速提高的阶段（"十二五"期间要实现收入水平翻番），我国农村的人力成本也将被相应推高。当然，这也符合我国经济发展的根本目标，农业低收入的状态是必须被改变的。但是，在人力成本被推高的过程中，为了保证农业生产，在现有生产规模不变的情况下只能听凭农产品价格上涨或者加大农户补贴力度。前者需要国境政策来作为辅助，即要依靠贸易壁垒来推高国外农产品的出口成本以维持国内市场的高价格。但如上文所述，在区域经济一体化（广义上包括农业大国澳大利亚和农业出口大国美国）的大背景下，国境政策是难以为继的。对于后者，可以借鉴日本的实践，对我国农业补贴的作用和可能产生的后果进行分析。农业补贴的实质是将国民收入的更大份额划归农业部门和农业人口。日本农业人口占总人口的比例为 6％左右，而我国的占比为近 50％。相比之下，我国的农业补贴更难以对提高农村人口的收入和生活水平起到实质性的作用。也就是说，静态的考虑，很难想象用一半人口的收入去补贴另一半会有明显的直接作用；动态的考虑，农业补贴应该具备刺激农业经营主体结构改善的间接作用，即能够推动农业生产的规模化发展。就日本的经验来看，因为农业利益集团对政策制定的干扰，对补贴对象的区别和划分本身就很困难。在很长时期里，由此导致的日本农业补贴范围的扩大化使结构调整的初衷难以实现。而且由于直接补贴的特性，刺激农业生产的目的也没有达到。这些都与日本改善结构、提高食物自给率的政策目标相偏离。现阶段，我国的农业补贴尚没有做到对不同的农户进行有效区分，而且针对土地的直接补贴对促进农业大户租用更多土地并无较强的激励作用。此外，以日本的经验推测，具有抑制农业结构改善作用的补贴与农产品价格支持制度[①]在适当时期的退出困难问题可能也会在我国出现。

就产业素质而言，我国农业是不如日本的。[②] 我国没有遭遇如日本农

---

① 指我国的最低价收购政策。
② 此处主要指土地生产率。

业"生产权利"危机的主要原因，在于我国农业生产者的工资成本较低。这种
较低的工资成本主要源于两个方面。

第一，我国的人均收入水平较低，特别是农村地区的收入及消费水平还
很低。

第二，我国很多地区的农业生产者构成已呈现高龄化的特点。以东北农村
为例，青壮年劳力往往进城务工或在乡镇企业工作，很多老人、妇女通常是作
为农村"剩余劳动力"而参与农业生产的，即使回报较低也能够坚持下去。

人均收入低的状况是我国今后社会发展中必须解决的问题，而依靠高龄人
口进行农业生产也明显无法持续。战后日本农业社会出现并延续至今的生产者
高龄化问题在中国农村已然出现。① 几年前，曾有日本学者认为中国的农业对
日本是一个威胁。现在看来，日本学者显然当时并没有充分预测到后来中国农
业人口结构发生的急剧变化（加藤弘之，2008）。就日本的经验看，农业的严
重高龄化和劳动力缺乏并没有对结构改善起到很强的促进作用，反而导致了大
规模的弃耕——我国 1985 年弃耕地为 13.5 万公顷，2005 年则达到 38.5 万公
顷（焦必方，2008）。可以预见，如果土地的流转和集中不见成效，以至于农
业经营规模无法有效扩大的话，那么即使农产品价格水平很高，青壮年劳动力
依然不会被吸引到农业领域中来。日本农业用三十几年走过的历程在中国将在
更短的时间内完成，中国农业正在急速地"日本化"，战后日本农业所发生的
问题，在中国则是压缩或重叠性的，很可能将更为复杂（晖峻众三，2011，中
译本）。

8.1.3　经济高速增长中农业政策的局限性及城市化模式的影响

在工业化快速进行、经济高速增长的阶段，无论是在经济总量的贡献上还
是在就业机会的提供上，农业都要远远落后于其他产业。由于经济构成中的农
业因素迅速减少，所以在没有大量农民充分离农的前提下，使农民依靠农业收
入达到城市水平的想法是不现实的。就日本的经验看，无论是农业直接补贴政
策还是农产品价格支持政策都不是使农村的收入水平达到城市标准的关键。虽
然日本城乡居民收入差距的缩小与《农业基本法》的推出在时间上是吻合的，
但从实现路径来看，工农收入均等化应是工业化的成果。日本在经济高速增长
期以《农业基本法》为依据出台了一系列保护农户、防止工农收入差距过大的
政策。由于这一类政策有抑制农民离农、妨害农业结构调整的负面作用，所以

---

① 笔者于 2012 年在沈阳农村调研时曾有当地老年人反映，村里的青年人已经从上一代的不愿从
事田间劳动演变成几乎不会干农活。

从对农业影响的角度看，贸易管制、价格支持等政策措施并没有从根本上提升日本农业的素质，反而间接地加剧了其在开放环境下的衰退局面。当食物自给率降至无法容忍的水平、农业人口老龄化等危机加剧后，对农业、农村更加具有"综合治理"意图的新农业基本法推出。但是就效果来看，其中政策工具的效力已经不大。比如，新基本法中对流通环节的极度重视，其实是对生产环节的竞争力已经丧失信心的体现。

农产品的生产成本在很大程度上取决于规模意义上的生产方式。从世界范围看，除非人力成本非常低的国家（往往为非工业化国家），否则小规模经营的农业在开放环境中是没有竞争力的（韩国、中国台湾等国家和地区的情况与日本类似）。与日本曾经相同的是，我国正在经历高速的工业化、城市化进程。与日本不同的是，我国辽阔的幅员允许城市化在空间上以更加彻底的模式来进行，即在城市化的布局上创造农户可以彻底脱离农业的条件，避免出现类似日本农民的短途迁移与普遍兼业情况。就我国城市化模式问题，陆铭（2011）利用省际面板数据证实，如果允许省级土地的"占补平衡"再配置，那么人口将更多地向大城市集聚，从而我国的土地利用效率①会在很大程度上增加。以农业发展的视角观察其结论，依其逻辑，土地使用效率的增加所引致的工资率上涨将成为农业人口转移的动力，而向沿海大城市的聚集会使内陆省份人均拥有更多的土地。这是农业经营规模能够扩大的前提，也是提高农民收入水平，并使农民利益与农业发展相一致的合理机制。不同于面积狭小的日本，我国国土广阔，农民离农向大城市的集聚可以使我国避免日本的普遍兼业情况。与人口向沿海大城市集聚的城市化思路相对应的是大力发展中小城镇的构想。但是，据对城市建成面积产值的计算，远离大城市的中小城镇的土地使用效率明显偏低（陆铭，2011）。而且后者在实施中具有在空间上更加平均分布人口的作用，即对人口的集聚产生阻力，其副产品是农业的生产规模难以扩大。

当然，城市化模式的选择有很多需要考虑的重要因素，以上的探讨主要基于农业发展的立场。不过，可以肯定的是，在经济高速增长进程中，狭义的农业政策具有明显的局限性。就农业的长远发展来看，在宏观层面必须以结构调整为战略，在"正确"的城市化模式主导下，微观层面的具体政策行为才有意义。

---

① 此处用单位面积的 GDP 来测算土地的利用效率。

8.2　政策建议

我国现阶段正处于高速工业化与城市化的进程中，从农业领域重要方面的变化趋势来看，与本研究主要探讨的日本工业经济高速增长时期很相似。其中最为重要的是，从 1995 年至 2010 年，农村户数持续增加、农村户均耕地缓慢下降的趋势已经呈现。[①] 这种变化趋势是不利于农业生产主体结构调整的，也意味着扩大农业规模的进程将受到制约，农业的兼业化可能在长期内存在。从日本的经验看，农业生产结构主体调整不力是导致日本农业问题的根本因素。而我国的人地禀赋等自然条件、经济高速增长的发展背景、农民大量兼业的现实情况都使我国农业也面临着如日本在相应阶段的风险。

中国推进农业经营规模化经营的过程很可能是长期的。日本经验表明，在小规模经营的农业领域，规模化并不会因为农村老龄化的到来而自动实现。标准的农业现代化的主要表现是土地所有权规模扩大基础上的耕种现代化。所以，应在充分考虑农民意愿的基础上，逐步推动农业生产结构的调整，出台相应的支持政策。

8.2.1　解决农业剩余劳动力的就业问题，创造彻底离农的条件

解决数量众多的农村剩余劳动力在非农领域的就业是推进农业规模化经营的前提条件和根本所在。当前，中国农业人口占比近 50%。相比之下，这一比例美国只有不到 2%，日本也只有 7%。只有解决好这一庞大群体的就业问题，促使其离开农村，才能实现规模化经营。但是，由于我国人口众多，就业问题始终是各地区面临的难题。鉴于日本的经验教训，以农业发展的立场看，安排农村富余劳动力就业不能过度依赖乡镇企业。因为农民就近择业往往使农民不离土不离乡，农业会成为其所选择的副业，易于形成并固守兼业化的模式。为此提出以下建议：

第一，构建城乡统筹就业的管理体制。应把农民进城并获得长期稳定的就业岗位纳入国民经济和社会的总体规划之中。尽快推出有利于农民迁移至城市就业的实施意见以及指导意见，从法律层面健全使农民不会遭遇不公平待遇和歧视的相关制度和条文，以促进农民在城市中的就业；对农村富余劳动力数量较大的地区，可根据实际情况实施以特定区域定位的农村劳动力长期稳定就业

---

① 张士云：《美国和日本农业规模化经营进程分析及启示》，《农业经济问题》2014 年第 1 期，第102 页。

的发展战略。

第二，增强城乡体制和政策的统一性。为了使进城工作的农民享受到作为劳动者应有的公平待遇，增强其在城市工作的稳定性，应加快城乡劳动力平等就业机制的建立，并破除城市就业市场中仍存在的城乡间的体制分割情况，消除农村劳动者流向城市的阻力，对于不利于农民在城市中获得长期就业机会的政策和法规要坚决予以清理。应该致力于打破城乡二元的就业结构，研究建立城乡统一劳动力市场的长期方略和具体计划。此外，加快推动户籍制度改革也是问题的重点之一。

第三，长期、大范围地对农民开展进城就业培训。必须认识到，有打算进城工作的农民，甚至包括已经在城市工作的许多来自农村的从业者，在一些当前看来已属于基本技能的范畴内尚处于弱势。比如，农民进城务工者能够使用网络购票、获取一些有用信息的比例要远低于城市劳动者。这加大了农民务工者在某些岗位上成功获得职位的困难，也使其工作层面缺乏流动性。所以，要切实把对农民的基本技能培训做好，不求内容全面，而要致力于最重要的方面，使培训更具有可行性。建议把农村劳动力的培训支出纳入国家及各级地方政府的预算，广泛构建农民就业培训基地，构建以乡镇一级为主体、县市一级为指导的服务于农民进城就业的职业教育培训体系。

8.2.2 完善农村社会保障制度，促进土地流转与集中

随着工业化进程的不断推进，我国大量的年轻农村劳动者转移到城市中参与就业，以致在许多地区的农村都出现了类似日本农村的老龄化、空心化现象（中西部地区可能更严重一些）。理论上说，这一事实为集中土地推进规模化经营提供了条件和基础。但是，正如上文对日本经验的分析，农村老龄化并不一定意味着土地流转的成功推进。在日本，由于对土地升值的预期，很多高龄农户并不愿出卖土地，而是期待土地被转用。而且由于担心租出的土地发生收回困难等问题，很多农户甚至宁愿闲置土地而不愿出租。这便是日本近20年出现的大规模抛荒的根本原因之一。当前，我国推动农地流转主要有两种模式：政府主导下的流转及农民自发流转。为了让农民乐于且敢于流转自己的土地，这两种方式都离不开对农村社会保障的加强和完善。

与城市居民相比，我国农村社会的保障体系很不完善，尤其是在养老方面还是主要依赖家庭而基本没有实现社会化。所以，农民普遍将承包地作为保障

自身生活最重要的物质基础而不愿放弃土地经营权。① 所以，必须加快完善农村社会保障体系的建设，消除农民的顾虑，调动农民参与土地流转的积极性。

第一，必须逐渐提高农村社会保障的标准，加强保障的实际意义与功能。与城市相比，目前中国农村社会保障不仅覆盖面窄，保障的力度和水平低更是严重的问题。比如，60 岁以上人员的养老金数量很少，住院费补助水平和封顶水平都很低，全国超过 50％的地区无门诊统筹。这些问题的存在要求各级政府必须承担起对农村资金投入的责任与义务，在资金支出结构中增加农村因素，在投入中扩大社会保障的覆盖面和力度，以增强农村居民的参保意识。

第二，不断完善我国农村社会保障的制度框架。虽然我国农村社会保障制度已基本成型，但还并不完善。为此，应加强各项制度间的补充性和协调性。在构建各类农村社会保障的政策机制时，应遵循长远发展的思路，以保持城乡社保体制改革的一致性和延续性，为今后完善城乡统筹社会保障体系提供方向。

第三，切实加强农村社会保障基金的监管。可以预见，随着农村社会保障系统的日益完善，保障基金的资金规模将不断增大。由于农村社会保障基金的极度重要性，所以健全严格且合理的资金管理制度体系是非常必要的。在合理的管理制度框架下，严格规范基金筹资、预算、发放和监管，确保其安全，保证支付能力，保证农民的社会保障权益不受损失。

8.2.3　健全农业规模化经营的法律法规，培育农业生产主体

我国的农业规模化进程将是一个长期的过程，而且是一个涉及农业、农村、农民的系统工程。在这一过程中，培育大规模化农业生产主体是微观层面的核心环节。所以，在推进培育规模化农业生产主体的进程中，创造有利于农户向专业化大规模农户转变的规范的、健全的法律制度环境是必要的。在农地以各种方式流转集中的过程中，必须做到有法可依，使参与土地流转的农民无后顾之忧。

第一，必须及时修改与完善相关的法律法规。农业规模化推进需要一个长期内稳定的，涵盖农业生产、农村经济、社会、生态、政治、农民生活的立法保障环境，为此有必要及时修改完善相关法律法规，如颁布实施《农业促进法》《农村国土空间整治法案》等一系列法律法规。② 法律法规的修改和调整

---

① 陶爱祥：《中外农业规模化经营比较研究》，《世界农业》2012 年第 12 期，第 29 页。
② 张士云：《美国和日本农业规模化经营进程分析及启示》，《农业经济问题》2014 年第 1 期，第 102 页。

一定要在充分掌握农业规模化实际发展情况的基础上进行，当法规不再适应当前的情况时要及时作出调整。结合我国具体实际看，为应对农村地区的高龄化趋势，政策制定与调整应着眼于吸引青壮年劳动者组建家庭农场，塑造并扶持有能力、有动力扩大生产规模、参与农产品市场竞争的生产主体。

第二，以农村土地使用权流转为重点，大力发展规模化农业生产主体。当前，我国农民承包土地财产权的保护制度并不完善，应该尽快修订包括《农村土地承包法》《土地管理法》等法律法规。尽快妥善地将"农村土地承包关系长期稳定"，"经营权流转不改变土地用途、所有制性质，保护承租农户的权益"等重要精神法制化。应明确涉及土地流转双方的权利和义务，用健全的法律条款来建立并维护农村耕地的承包契约关系，即农民对承包土地依法享有完整意义的使用权，在法律允许的范围内可以自主做转让、抵押、出租、入股等处理。从日本的经验看，在规模化的进程中出现了很多耕地抛荒的现象。为了避免此类情况在我国相应时期发生，农村集体对土地要加强依法监管，对土地抛荒及转用要适当采取惩罚性措施，比如依法废除承包关系以保证土地的有效利用。

第三，确立家庭农场生产主体的合法地位。为了切实维护家庭农场的权益，应该确立大规模家庭农场的登记备案制度，以法律的形式保障其法人主体地位。必须重视的是，在组建以家庭农场为主体的规模化过程中，为了保证其素质，有必要对拟扩大生产规模的家庭作出资质上的考核。

这要求建立农地流转市场的准入制度，作出一定的限制，尽量选择精通农业生产技术、擅长农业管理的青壮年农民作为农业生产法人的中坚力量，促进现代农业的发展。日本在努力限制非农产业获得土地并将其转用方面的做法值得我国借鉴。在经济高速增长过程中，防止其他产业的经济活动挤占农业资源和空间是非常必要的。

参 考 文 献

一、外文文献

[1] Adam D Sheingate，The Rise of the Agricultural Welfare State Institutions and Interest Group Power in the United State，France，and Japan [M]. Princeton University Press，2001：122～134.

[2] Baland，J. M，Kotwal，A，The Political Economy of Underinvestment in Agriculture，Journal of Development Economics，1998，55 (1)，244～255.

[3] Edward J. Lincoln，East Asian Economic Regionalism，The Brookings Institution，2004：55～78.

[4] Fujita，M. ，P. Krugman，and T. mori. "On the evolution of hierarchical urban systems," Discussion paper no. 419，Institute of Economic Research，Kyoto University，Kyoto，Japan，1995.

[5] Fujita，M. ，and T. mori. "Structural stability and evolution of Urban systems." Regional Science and Urban Economics ，1997，27：396～445.

[6] Feinerman，E. and M. Faikovitz. An Agricultural Multipurpose Service Cooperative. Pareto Optimality，Price-Tax Solution，and Stability [J]. Journal of Comparative Economics，1991 (15).

[7] Hanson，G. "Market potential，increasing returns，and geographic concentration." Mimeograph，University of Texas，Austin，1998.

[8] Hanson，G. "Increasing returns，trade，and the regional structure of wages." Mimeograph，University of Texas，Austin，1996.

[9] Jia • lu，suminori tokunaga. Supplier Access and The Locationg of Japanese Food Industrial FDI in East Asia Springer Working Paper，2009，(2)

[10] Kenneth B. Pyle，The Japanese Question：Power and Purpose in a

New Era，Washington DC：American Enterprise Institute，1992.

[11] M. maruyama. Evaluating Japanese Agricultural Policy from an Eco－socialist Perspective. from INTERNET.

[12] Noda kimio. Collectivism and Individualism in Post－warJapanese Agriculture：Reflections on Nishida and Kase [J]. Social Science Japan Journal 2001，(2).

[13] OECD Report. Evaluation of Agricultural Policy Reform inJapan，2009.

[14] OECD. "Towards More Liberal Agricultural Trade". OECD Policy Brief，No 39 . 2002

[15] Ogura Takekazu, Can Japanese Agriculture Survive? [M]. Institute of Asian Economic Affairs，1980.

[16] P. Rapkin and A. George，Rice Liberalization andJapan's Role in the Uruguay Round：A Two － Level Game Approach，Boulder，Lynne Rienner Publishers，1993，

[17] Ryoshin，Minami. The turning point in the Japanese economy [J]. The quarterly of Economics，1968，(3).

[18] R，Kada. Trends in Characteristics of Part－time Farming in Post －war Japan [J]. GeoJournal，1982，(3).

[19] T Kako. Sharp Decline in The Food Self－sufficiency Ratio inJapan and Its Future Prospects [J]. Journal of Agriculture Science and Technology，2010，(3).

[20] W. Donnelly，Political Management of Japan's Rice Economy，Ph. D. dissertation，Columbia University，1978.

[21] 八木宏典. 現代日本の農業ビジネス～時代を先導する経営～ [M]. 農林統計協会，2004.

[22] 生源寺眞一. 農業再建：真価問われる日本の農政 [M]. 岩波書店，2008.

[23] 先崎千尋. 農協運動の今後の方向と改革の課題 [J]. 茨城大学地域総合研究所年報，2007 (5)：101～108.

[24] 山下一仁. 貿易交渉と日本の農政 [N]. 法律時報，2005 年 6 月.

[25] 生源寺眞一. 現代日本の農政改革 [M]. 東京：東京大学出版会，2006.

[26] 大泉一貫. 日本の農業は成長産業に変えられる [M]. 洋泉

社，2009.

二、中文文献

[1]［澳］基姆·安德森，速水佑次郎. 农业保护的政治经济学［M］. 蔡昉译. 天津：天津人民出版社，1996.

[2]［德］尼科·巴克. 增长的城市，增长的食物——都市农业之政策议题［M］. 蔡建明译. 北京：商务印书馆，2004.

[3]［美］阿维纳什·K·迪克西特. 经济政策的制定：交易成本政治学的视角［M］. 刘元卷译. 北京：中国人民大学出版社，2004.

[4]［美］埃里克·S·赖纳特. 富国为什么富，穷国为什么穷［M］. 杨虎涛、陈国涛译. 北京：中国人民大学出版社，2010.

[5]［美］高柏. 日本经济的悖论——繁荣与停滞的制度性根源［M］. 刘耳译. 北京：商务印书馆，2004.

[6]［美］D·盖尔·约翰逊. 经济发展中的农业、农村、农民问题［M］. 林毅夫译. 北京：商务印书馆，2004.

[7]［美］费景汉，古斯塔夫·拉尼斯. 劳力剩余经济的发展［M］. 王月、甘杏娣等译. 北京：华夏出版社，1989.

[8]［美］蒋中一，［加］凯尔文·温赖特. 数理经济学的基本方法［M］. 刘学、顾佳峰译. 北京：北京大学出版社，2009.

[9]［美］威廉·阿瑟·刘易斯. 国际经济秩序的演变［M］. 乔依德译. 北京：商务印书馆，1984.

[10]［美］威廉·阿瑟·刘易斯. 二元经济论［M］. 施炜等译. 北京：北京经济学院出版社，1988.

[11]［美］西奥多·W·舒尔茨. 改造传统农业［M］. 梁小民译. 北京：商务印书馆，2010.

[12]［美］熊彼特. 经济发展理论［M］. 邹建平译. 北京：商务印书馆，1990.

[13]［美］约翰·梅勒. 农业经济发展学［M］. 安希等译. 北京：北京农业大学出版社，1998.

[14]［日］安场保吉，猪木武德. 日本经济史（8）：高速增长［M］. 厉以宁监译. 上海：三联书店，1998.

[15]［日］阪本楠彦. 二次大战后的日本农业［A］. 日本农业经济学家访华学术报告［R］，北京：中国社会科学出版社，1981.

[16]［日］池田信夫. 失去的二十年——日本经济长期停滞的真正原因

[M]. 胡文静译. 北京：机械工业出版社，2012.

[17]［日］大野健一. 从江户到平成——解密日本经济发展之路［M］. 臧馨、臧兴远译. 北京：中信出版社，2006.

[18]［日］饭田经夫，清成忠男等. 现代日本经济史——战后三十年的历程［M］. 马君雷等译. 北京：中国展望出版社，1986.

[19]［日］关谷俊作. 日本的农地制度［M］. 金洪云译. 上海：三联书店，2004.

[20]［日］高桥龟吉，那须皓. 现代日本：农村经济、金融资本、对外贸易［M］. 夏诒彬译. 网络版，1933.

[21]［日］管沼圭辅. 中国农村的经济增长和集体所有制形式的多样化［A］. 复旦大学日本研究中心第七届国际学术研讨会文集［C］，上海：上海财经大学出版社，1997.

[22]［日］管沼正久. 农协农政运动——政策决定和农民［A］. 复旦大学日本研究中心第七届国际学术研讨会文集［C］，上海：上海财经大学出版社，1997.

[23]［日］管沼正久. 日本农业现代化政策和农村变化过程［A］. 日本农业经济学家访华学术报告［R］，北京：中国社会科学出版社，1981.

[24]［日］国土厅. 日本第四次全国综合开发计划［M］. 国家计划委员会国土综合开发规划司译. 北京：中国计划出版社，1989.

[25]［日］晖峻众三. 日本农业 150 年（1850～2000 年）［M］. 胡浩译. 北京：中国农业大学出版社，2011.

[26]［日］加藤弘之. 日本经济新论：日本比较的观点［M］. 丁红卫译. 北京：中国市场出版社，2008.

[27]［日］酒井富夫. 日本农业经营的现代化和农政［A］. 复旦大学日本研究中心第七届国际学术研讨会文集［C］，上海：上海财经大学出版社，1997.

[28]［日］甲斐谕. 日本经济高速增长期新农村建设政策的实施和经验教训［A］. 中国农业经济学会社会主义新农村建设学术研讨会论文集［C］，2006.

[29]［日］今村奈良臣. 日本农业水利及土地改良政策之展开及作用［A］. 日本农业经济学家访华学术报告［R］，北京：中国社会科学出版社，1981.

[30]［日］今村奈良臣. 农业投资及其来源［A］. 日本农业经济学家访华学术报告［R］，北京：中国社会科学出版社，1981.

　　［31］［日］嶽口健治．日本的食物问题［A］．复旦大学日本研究中心第七届国际学术研讨会文集［C］，上海：上海财经大学出版社，1997．

　　［32］［日］梅村又次，山本有造．日本经济史（3）：开港与维新［M］．厉以宁监译．上海：三联书店，1997．

　　［33］［日］牛山静二．日本农业与农村的现状及危机．［J］．中国农史，2012（1）：83．

　　［34］［日］南亮进．日本的经济发展［M］．毕志恒、关权译．北京：经济管理出版社，1992．

　　［35］［日］七户长生．日本农业的经营问题、现状与发展逻辑［M］．北海道大学图书刊行会，1988．

　　［36］［日］千石兴太郎．日本农村合作运动［M］．孙监秋译．北京：中国合作学社，1936．

　　［37］［日］七户长生．日本主要农作物的品种改良及良种普及［A］．日本农业经济学家访华学术报告［R］．北京：中国社会科学出版社，1981．

　　［38］［日］七户长生．二次大战后日本农业机械化概况［A］．日本农业经济学家访华学术报告［R］，北京：中国社会科学出版社，1981．

　　［39］［日］桥本寿朗，长谷川信，宫岛英昭．现代日本经济［M］．戴晓芙译．上海：上海财经大学出版社，2001．

　　［40］［日］青木昌彦．比较制度分析［M］．周黎安译．上海：上海远东出版社，2001．

　　［41］［日］日本农林水产省农林水产技术会议事务局．日本土地利用分类的程序和方法［M］．山西省农业科学院农业情报研究室译．北京：农业出版社，1985．

　　［42］［日］速水佑次郎，神门善久．农业经济论［M］．沈金虎等译．北京：中国农业出版社，2003．

　　［43］［日］速水佑次郎，［美］弗农·拉坦．农业发展的国际分析［M］．郭熙保、张进铭译．北京：中国社会科学出版社，2000．

　　［44］［日］速水佑次郎．发展经济学：从贫困到富裕［M］．蔡昉译．北京：社会科学文献出版社，2004．

　　［45］［日］速水佑次郎．日本农业保护政策探［M］．朱钢、蔡昉译．北京：中国物价出版社，1993．

　　［46］［日］三岛德三．日本农产品的流通体系与农产品价格［A］．复旦大学日本研究中心第七届国际学术研讨会文集［C］，上海：上海财经大学出版社，1997．

[47] 〔日〕神门善久. 日本现代农业新论 [M]. 上海：文汇出版社，2013.

[48] 〔日〕矢野恒太纪念会. 日本 100 年 [M]. 司楚等译. 北京：时事出版社，1984.

[49] 〔日〕田代洋一. 日本的形象与农业 [M]. 杨秀平等译. 北京：中国农业出版社，2010.

[50] 〔日〕田代洋一. 日本的农村和城市的关系 [A]. 复旦大学日本研究中心第七届国际学术研讨会文集 [C]，上海：上海财经大学出版社，1997.

[51] 〔日〕田岛俊雄. 中国·东亚的农业结构问题 [A]. 复旦大学日本研究中心第七届国际学术研讨会文集 [C]，上海：上海财经大学出版社，1997.

[52] 〔日〕太田原高昭. 日本农协的组织、机能及其运营 [A]. 复旦大学日本研究中心第七届国际学术研讨会文集 [C]，上海：上海财经大学出版社，1997.

[53] 〔日〕藤田昌久，〔美〕克鲁格曼，维纳布尔斯. 空间经济学：城市、区域与国际贸易 [M]. 梁琦译. 北京：中国人民大学出版社，2005.

[54] 〔日〕藤村俊朗. 日本经济高速增长和农业 [A]. 日本农业经济学家访华学术报告 [R]，北京：中国社会科学出版社，1981.

[55] 〔日〕土屋圭造. 二次大战后日本农业机械化的展开过程 [A]. 日本农业经济学家访华学术报告 [R]，北京：中国社会科学出版社，1981.

[56] 〔日〕冈部守. 日本农业概论 [M]. 章政译. 北京：中国农业出版社，2004.

[57] 〔日〕梶井功. 战后日本农业政策的总结和农业改组战略 [A]. 复旦大学日本研究中心第七届国际学术研讨会文集 [C]，上海：上海财经大学出版社，1997.

[58] 〔日〕梶井功. 从日本最高的水稻产量看农民的实践和农学研究 [A]. 日本农业经济学家访华学术报告 [R]，北京：中国社会科学出版社，1981.

[59] 〔日〕梶井功. 日本农业机械利用组合的发展 [A]. 日本农业经济学家访华学术报告 [R]，北京：中国社会科学出版社，1981.

[60] 〔日〕丸田定子. 日本农业劳动力结构的变迁与农村老龄化问题 [A]. 复旦大学日本研究中心第七届国际学术研讨会文集 [C]，上海：上海财经大学出版社，1997.

[61] 〔日〕西川俊作，阿部武司. 日本经济史（4）：产业化的时代（上）

[M]．厉以宁监译．上海：三联书店，1998．

[62]［日］西川俊作，山本有造．日本经济史（5）：产业化的时代（下）[M]．厉以宁监译．上海：三联书店，1998．

[63]［日］小林义雄．战后日本经济史 [M]．孙汉超、马君雷译．北京：商务印书馆，1992．

[64]［日］小岛明．日本的选择 [M]．孙晓燕译．北京：东方出版社，2010．

[65]［日］有泽广巳．日本的崛起——昭和经济史 [M]．鲍显铭译．哈尔滨：黑龙江人民出版社，1987．

[66]［日］野口悠纪雄．日本的反省——依赖美国的罪与罚 [M]．贾成中译．北京：东方出版社，2010．

[67]［日］原正行．全球化时代的日本经济——企业国际化视角考察 [M]．朴松爱、何为译．大连：东北财经大学出版社，2003．

[68]［日］伊藤喜雄．战后日本的农地利用结构 [A]．复旦大学日本研究中心第七届国际学术研讨会文集 [C]，上海：上海财经大学出版社，1997．

[69]［日］岩本纯明．日本农业与农业政策的历史经验与今后的展望——以农业结构问题为核心 [A]．统筹城乡经济社会发展研究——中国农业经济学会 2004 年学术年会论文集 [C]，2004．

[70]［日］竹中平藏．解读日本经济与改革 [M]．林光江译．北京：新华出版社，2010．

[71]［日］中央大学经济研究所．战后日本经济 [M]．盛继勤译．北京：中国社会科学出版社，1985．

[72]［日］中村隆英，尾高煌之助．日本经济史（6）：双重结构 [M]．厉以宁监译．上海：三联书店，1998．

[73]［日］中村隆英．日本经济史（7）："计划化"和"民主化"[M]．厉以宁监译．上海：三联书店，1998．

[74]［日］中岛常雄．日本蔬菜、水果的流通组织及存在的问题 [A]．日本农业经济学家访华学术报告 [R]．北京：中国社会科学出版社，1981．

[75]［日］佐贯利雄．日本经济的结构分析 [M]．周显云、杨太译．沈阳：辽宁人民出版社，1987．

[76]［日］昭井信．战后日本农业贷款制度的演变 [A]．日本农业经济学家访华学术报告 [R]，北京：中国社会科学出版社，1981．

[77] 安江，王厚双．日本的东亚合作战略调整及其对中日经贸合作的影响 [J]．日本研究，2010（3）：7～12．

[78] 毕美家. 中国特色现代农业制度研究——基于合作制的经济学与经验分析 [M]. 北京：人民出版社，2010.

[79] 曹啸，计小青. 管制经济学的演进——从传统理论到比较制度分析 [J]. 财经研究，2006（10）：71～79.

[80] 崔立新. 工业反哺农业实现机制研究 [M]. 北京：中国农业大学出版社，2009.

[81] 冯玮. 日本经济体制的历史变迁——理论和政策的互动 [M]. 上海：上海人民出版社，2009.

[82] 范三国. 国外的农业合作组织——以日本为例 [M]. 北京：中国社会出版社，2006.

[83] 富景筠. 日本自贸区政策的演变：基于利益集团动态博弈的视角 [J]. 国际经济评论，2011（4）：149～160.

[84] 郭建军. 日本城乡统筹发展的背景和经验教训 [J]. 农业展望，2007（2）：27～30.

[85] 郝寿义，王家庭. 工业化、城市化与农村土地制度演进的国际考察——以日本为例 [J]. 上海经济研究，2007，（1）：40～50.

[86] 简新华，张国胜. 日本工业化、城市化进程中的"农地非农化" [J]. 中国人口·资源与环境，2006，（6）：95～100.

[87] 金明善. 战后日本产业政策 [M]. 北京：航空工业出版社，1988.

[88] 金明善，宋绍英，孙执中. 战后日本经济发展史 [M]. 北京：航空工业出版社，1988.

[89] 金明善. 现代日本经济论 [M]. 沈阳：辽宁大学出版社，1996.

[90] 焦必方. 战后日本农村经济发展研究 [M]. 上海：上海财经大学出版社，1999.

[91] 焦必方，孙彬彬. 日本现代农村建设研究 [M]. 上海：复旦大学出版社，2009.

[92] 焦必方. 以地方自治为特点的日本市町村政府的行为方式研究 [J]. 中国农村经济，2001（11）：71～77.

[93] 焦必方. 日本的市町村合并及其对现代化农村建设的影响 [J]. 现代日本经济，2008（5）：40～46.

[94] 焦必方，王培先. 试析以家庭为单位的定居式集中——农村现代化过程中人口转移方式的探讨 [J]. 复旦学报（社会科学版），1999（1）：43～48.

[95] 焦必方. 伴生于经济高速增长的日本过疏化地区现状及特点分析

[J]. 中国农村经济, 2004 (8): 73~79.

[96] 焦必方. 日本的农业、农民和农村——战后日本农业的发展与问题. [M]. 上海: 上海财经大学出版社, 1997.

[97] 匡远配. 日本农村公共产品供给特点及其对我国的启示 [J]. 日本研究, 2005, (4): 49~54.

[98] 李晓. 东亚奇迹与"强政府"——东亚模式的制度分析 [M]. 北京: 经济科学出版社, 1996.

[99] 李月, 古贺胜次郎. 日本经济政策与新自由主义 [J]. 现代日本经济, 2008 (4): 1~6.

[100] 李国庆. 日本农村的社会变迁: 富士町调查 [M]. 北京: 中国社会科学出版社, 1999.

[101] 李刚. 荷兰、日本农产品国际贸易比较研究 [D]. 中国农业科学院博士论文, 2002.

[102] 李锋传. 日本建设新农村的经验及对我国的启示 [J]. 中国国情国力, 2006 (4): 10~14.

[103] 刘昌黎. 日本 FTA/EPA 的新进展、问题及其对策 [J]. 日本学刊, 2009 (4): 56~58.

[104] 刘昌黎. 日韩自由贸易区的实质性进展与谈判旷日持久的迹象 [J]. 东北亚论坛, 2005 (5): 26~34.

[105] 刘志仁. 日本推进农村城市化的经验 [J]. 中国农村经济, 2000 (3): 73~76.

[106] 刘景章. 现代化后的日本农业: 问题与对策 [J]. 日本学论坛, 2003 (1): 40~43.

[107] 门峰. 日本政府在农产品批发市场建设中的作用 [J]. 外国经济与管理, 1999 (2): 41~43.

[108] 满颖之. 日本经济地理 [M]. 北京: 科学出版社, 1984.

[109] 缪向华, 张利庠. 韩国、日本经验对我国社会主义新农村建设的启示 [J]. 生产力研究, 2006, (2): 169~170.

[110] 潘立亚, 贺盛瑜. 日本农产品批发市场建设情况介绍 [J]. 中国市场, 2007 (17): 42~44.

[111] 秦富. 国外农业支持政策 [M]. 北京: 中国农业出版社, 2003.

[112] 饶传坤. 日本农村过疏化的动力机制、政策措施及其对我国农村建设的启示 [J]. 浙江大学学报 (人文社会科学版), 2007 (6): 147~156.

[113] 任文侠, 吕有晨. 日本宏观经济管理与农业发展 [M]. 北京: 航

空工业出版社，1988.

[114] 宋金文. 日本农村社会保障 [M]. 北京：中国社会科学出版社，2007.

[115] 孙执中. 荣衰论——战后日本经济史（1945～2004）[M]. 北京：人民出版社，2006.

[116] 沈佩麟. 关于日本农业生产的资料 [J]. 经济研究，1958（1）：89～103.

[117] 王琥生，赵军山. 战后日本经济社会统计 [M]. 北京：航空工业出版社，1988.

[118] 吴小丁. 反垄断与经济发展——日本竞争政策研究 [M]. 北京：商务印书馆，2006.

[119] 吴殿廷. 日本的国土规划与城乡建设 [J]. 地理学报，2006（7）：771～780.

[120] 万峰. 日本资本主义史研究 [M]. 长沙：湖南人民出版社，1984.

[121] 徐平. 苦涩的日本：从赶超时代到后赶超时代 [M]. 北京：北京大学出版社，2012.

[122] 徐平. 战前日本现代化进程的"中断" [J]. 世界历史，1993（5）：55～63.

[123] 徐平. 战前日本现代化进程中"政治转型"失败的教训 [J]. 日本学刊，1995（3）：1～15.

[124] 肖文韬. 托达罗人口流动行为模型的修正及其新解释 [J]. 财经理论与实践，2003（1）：23～27.

[125] 谢剑锋. 东亚 FTA/EPA 推动下的日本农业政策演变：基于利益集团博弈的视角 [J]. 世界经济与政治论坛，2013（1）：139～149.

[126] 谢剑锋，宋艳菊. 成熟型、赶超型与转轨型国家经济体制的比较分析 [J]. 辽宁工程技术大学学报（社会科学版），2011（1）：18～20.

[127] 杨万江. 工业化城市化进程中的农业农村发展 [M]. 北京：科学出版社，2009.

[128] 杨栋梁. 日本近现代经济史 [M]. 北京：世界知识出版社，2010.

[129] 于培伟. 日本的城乡统筹共同发展 [J]. 宏观经济管理，2007，（9）：72～74.

[130] 姚洪斌. 新农村建设的一体化路径研究 [D]. 华中科技大学博士论文，2007.

[131] 周维宏. 农村工业化论：从日本看中国 [M]. 北京：中国社会科

学出版社，2008.

[132] 周维宏. 日本农村工业化史研究——兼及中日比较 [M]. 北京：人民教育出版社，1992.

[133] 周维宏. 中日农村经济组织比较 [M]. 北京：经济科学出版社，1997.

[134] 周维宏. 新农村建设的内涵和日本的经验 [J]. 日本学刊，2007 (1)：127～135.

[135] 周维宏. 试论战前日本农村工业的发展——战前农村工业调查资料分析 [J]. 外国问题研究，2002 (1)：42～45.

[136] 张云. 日本的农业保护与东亚地区主义 [M]. 天津：天津人民出版社，2011.

[137] 左学德. 日本社会历史转型期的土地问题研究 [M]. 哈尔滨：黑龙江人民出版社，2005.

[138] 张军岩，贾绍凤. 基于中日比较的人口城市化对耕地影响机制的研究 [J]. 中国人口·资源与环境，2005 (1)：29～34.

[139] 中国农业代表团. 日本的农业政策改革及其启示 [J]. 中国农村经济，2000 (12)：63～70.

[140] 张晓琼. 中国农村发展模式的理论探讨与经验研究——基于山东省部分农村的实证考察 [J]. 泰山学院学报，2011，(5)：9～14.

[141] 张季风. 挣脱萧条：1990～2006 年的日本经济 [M]. 北京：社会科学文献出版社，2006.

[142] 张云. 日本的农业保护与东亚地区主义 [M]. 天津：天津人民出版社，2011.

[143] 张可云. 区域经济政策 [M]. 北京：商务印书馆，2007.

[144] 藏云鹏. 中国农业真相 [M]. 北京：北京大学出版社，2013.

攻读博士期间取得的科研成果

一、发表的论文

1.《东亚 FTA/EPA 推动下的日本农业政策演变：基于利益集团博弈的视角》，《世界经济与政治论坛》2013 年第 1 期，独立作者。

2.《战后日本农民及农业问题的不一致性研究》，《沈阳师范大学学报（社科版）》2014 年第 3 期，第一作者。

3.《成熟型、赶超型与转轨型国家经济体制的比较分析》，《辽宁工程技术大学学报（社会科学版）》2011 年第 1 期，第一作者。

4.《辽宁省农产品出口竞争力的实证分析》，《辽宁工程技术大学学报（社会科学版）》2009 年第 1 期，独立作者。

5.《后金融危机时代葫芦岛市经济结构调整的思考》，《科技和产业》2011 年第 2 期，独立作者。

6.《辽宁省就业结构与产业结构的偏差及原因探析》，《辽宁工程技术大学学报（社会科学版）》2009 年第 5 期，第二作者。

7.《辽宁省产业结构与就业结构协调发展研究》，《科技和产业》2010 年第 2 期，第二作者。

二、主持和参与的课题

1. 主持阜新市社会科学研究课题"发展绿色农业与提升阜新农产品出口竞争力的策略研究"，2011 年立项，已结题。

2. 主要参与辽宁省财政科研基金项目"支持辽宁沿海经济带发展的财政政策研究"，2011 立项，已结题。

3. 参与辽宁省社科联课题"提升辽宁服务业对外开放水平的路径选择"，2008 年立项，已结题。

4. 主持葫芦岛市社科联课题"金融危机对葫芦岛市的影响及对策研究"，

2009 年立项，已结题。

5. 参与辽宁省社会科学规划基金项目"低收入群体收入流动的现状、影响因素及对策——基于辽宁省的调查研究"（L10BJL019），2010 立项，已结题。

致　谢

　　自我 2009 年再度回到辽宁大学求学到今天论文即将完成，5 年的时间已经过去了。30 岁到 35 岁这段人生中最宝贵的岁月，我不后悔在辽大度过！

　　也许很快就要告别我的校园了，最近开始珍惜余下在这里的每一天，而对过去点滴经历的记忆也愈发清晰了。我想起了初回校园时久别重逢的欣喜，也想起了论文开题之际披星戴月往返于寝室与图书馆之间的疲惫不堪，更记起了论文写作过程中时常才智穷尽的沮丧和偶尔灵感迸发的喜悦。

　　我清晰地记得第一次拜见我的导师徐平教授时的情景，他是我在现实中遇到的最为博学的人。针对我缺乏观察问题的视角及文字表达能力差的缺欠，老师给予的教诲我永远也不会忘记！更令我感动的是，我微薄的努力和些许长进老师也能够觉察到。谢谢老师！

　　感谢程伟教授，在程老师的课堂上我学到很多，他的真知灼见和思考问题的深刻洞察力令我们折服。感谢崔日明教授多年来对我的指导和帮助，崔老师既博学又亲切，从他身上能感受到真正的学者风范！感谢徐坡岭教授，他对学问孜孜以求的态度令人钦佩，在他的课堂上我们接触到了学科的前沿。感谢刘洪钟教授，刘老师年轻有为且平易近人，是我们努力的榜样。感谢曲文轶教授，她对待学术研究的态度极其严谨，使我在论文撰写之初便认识到了自己的不足。

　　本书的完成要感谢辽宁工程技术大学对于博士的项目支持。

　　感谢我的同事韩家彬博士、贾凯威博士、杨彤骥老师，在论文写作期间，他们都给予我很大帮助，在此表达谢意。

　　感谢我的父母，他们每天操持家务、照顾孙辈，真的为我们付出了太多！

　　感谢我的女儿，在论文写作最艰苦的日子里，她带给我最多欢笑！

　　感谢我的妻子宋艳菊，在论文写作过程中，她提供了很多独到观点。在我的论文写作中，她作出了很大贡献。她包容我在写作过程中的烦躁易怒、坐立不安，考虑到她自己也面临写作博士论文的压力，她承担的实在太多！不过，在这一过程中我们又是幸福的。我们相互鼓励、相互依偎与支持，而且很快我们就要迎来我们的第二个孩子。

谢剑锋

2014 年 6 月